U0686904

·初中·

闽南方言与文化

《闽南方言与文化》编委会　编著

班级：　　　　　　　姓名：

《闽南方言与文化》系列读本初中版编委会

主　　编：周长楫

成　　员：（按姓氏笔画排列）吴秀菊　陈江雄　林慧君　施　敏　傅智勇

策划出品：厦门文广影音有限公司

总 策 划：高慧芬　詹朝晖

统筹策划：马　哲　林　喆

执行策划：施　敏　陈江雄

美术编辑：陈一平

编写说明

闽南文化源远流长，是中华文化的重要组成部分，也是历代闽南人的智慧结晶，它是维系两岸人民亲情的根。2007 年，文化部批复在厦漳泉三市设立我国第一个国家级文化生态保护区——闽南文化生态保护实验区。基于此，《闽南方言与文化》系列读本从修复闽南方言的学习语境着手，意在传承闽南方言，保护优秀闽南文化遗产，积极推进闽南方言与文化进校园。

▶▶▶ 编写原则

一、依照教育部《基础教育课程改革纲要》（2001 年）、国务院办公厅公布的《关于实施中华优秀传统文化传承发展工程的意见》（2017 年）及福建省公布的《闽南文化生态保护区总体规划》（2014 年）编写。

二、用字参照《义务教育语文课程标准》（2011 版）《附录五义务教育语文课程常用字表》《闽南话水平测试指导用书》《现代汉语常用词表》，并根据闽南话的用字特色，围绕常用基础用字 3500 字编写。

三、参照《国际汉语能力标准》《义务教育语文课程标准》《义务教育英语课程标准》《闽南话水平测试大纲》的学习标准设定教学目标。

▶▶▶ 编写规划

初中读本共 6 单元，每单元 3 课。每课分为"导读""来读""趣味词语""对话语法""说说做做"几个栏目。

每单元后设计的"单元互动拓展"旨在结合单元主题开展综合素质提升活动，分为"拓展学习"及"实践分享"两个子栏目。

"来读""趣味词语""对话语法"几个栏目中凡使用黑体的为普通话用字，使用楷体的为闽南话用字，并配有CD录音。配合使用可充分创设语言学习语境。书后附有"诗词诵读""经典选读"，便于方言与文化的多样化学习。

本套读本的编写，得到厦门市语言文字工作委员会办公室、厦门市闽南文化研究会等单位的大力支持，是在总结 2014 版读本以及各地各校教学实践的基础上编写而成的。由于时间仓促，本套读本可能还存在一些错漏和不足之处，切望各界在使用过程中提出宝贵意见，以便修订时订正。

课程目标

通过闽南方言与文化的学习，发展青少年的闽南话听辨能力、口语表达能力、常见闽南话用字读写能力，以及对闽南文化的赏析能力。在学习过程中，从知识与能力、过程与方法、情感态度与价值观三个方面，发展九大基本能力，以促综合素质之提升。

▶▶▶ **总体目标**

基本能力		闽南方言与文化学习
知识与能力	表达与沟通	具有应用闽南话进行日常口语交际的基本能力。灵活应用闽南话表情达意，与他人沟通意见。
	文化学习	认识中华文化的博大精深，关心闽南文化的现状和发展，培养持续学习闽南方言与文化的兴趣。
	欣赏与审美	能初步欣赏高甲戏、木偶戏等闽南曲艺文化，提升艺术审美能力，发展健康的审美情趣。
过程与方法	主动探索与研究	养成主动探索、研究闽南方言与文化的兴趣和习惯，学习探索、研究闽南方言与文化的方法。
	信息运用	积极应用新媒体、新技术收集学习闽南方言与文化的素材资料，并初步具备分析、处理信息的能力。
	规划与实践	应用闽南话与人协调联络，开展规划、组织，并在各项实践活动中灵活应用。
情感态度与价值观	自我认知	通过本土方言与文化的学习，增强语言表达的自信心，提升自我认同感。
	创新与发展	在学习闽南方言与文化的同时，学习科学的思维方法，锻炼创新思维能力，加强团队合作意识。
	人生观与价值观	在学习闽南方言与文化的同时，建立爱国主义、集体主义观念，形成积极的人生观、价值观。

初中读本同时面向闽南话基础各异的学生。闽南话基础较差甚至零基础的学生，以文化了解为主，以听辨、口语、赏析能力的提升为主要目标；已学习完小学高级教程或基础较好的学生，在了解闽南文化，发展听辨能力、口语能力、赏析能力的基础上，还应进一步提升读写能力。总之，各项指标内涵可依学生、班级就学校现况弹性调整、灵活运用。具体标准如下：

● 听辨能力

养成聆听闽南话口语的习惯，能把握说话者的说话内容及其情感。

能听辨闽南话常用字词的文白异读。

能听辨闽南话朗读文章中的内涵与情感。

能加强运用科技与信息媒体增进闽南话听辨能力。

能从聆听中加强主动学习闽南话的兴趣与习惯。

● 口语能力

能运用闽南话思考并流利地表达想法、情感、观点意见。

能运用闽南话流畅地朗读文章。

能运用所学的闽南话文读音吟咏 10 首以上的古诗词。

能运用闽南话参与日常的会议、座谈或演讲。

能用口头方式进行闽南话和普通话之间的翻译。

● 读写能力

能阅读并欣赏闽南话文章。

能通过阅读了解闽南话文章的主题内涵。

能通过阅读学习闽南话文章的写作技巧，客观分析闽南话文章的思维与观点。

能够运用闽南话书写 400 字左右的小文章。

● 赏析能力

能主动赏听闽南话戏曲曲艺、电视广播节目或展演活动。

能主动参与或演出闽南话相关的文艺演出等活动。

能够主动通过信息媒体收集、整理闽南话资料，持续探索闽南文化。

目 录

第五单元　历史先贤

第六单元　海上篷影

第一单元

多彩生活

　　一方水土养一方人。生活在闽南这方热土上，你是否了解闽南人的生活？闽南人的特色饮食有哪些？闽南人有传统服饰吗？闽南人是怎么庆祝传统节日的？一起走进闽南人的多彩生活。

① 回味无穷的食品

闽南人讲究饮食。据不完全统计，闽南地区有 200 多种特色食品：肉粽、沙茶面、卤面、五香、海蛎煎、土笋冻……不胜枚举。

"粿"是极具代表性的闽南食品。闽南地区产水稻，节庆时常以大米等淀粉为主料制作各类"粿"。"红龟粿"是一种红色外皮、状如龟背的糯米食品，常作为闽南节庆祭祀时的甜品，寓意长寿、吉利，承载了闽南人满满的回忆。

📖 来读 🎵目①

甜甜的记忆

红龟粿①是将染做红色、包有馅料的秫米②粿压寿龟的印痕了后，则炊熟做成的一款粿。闽南人定定③将红龟粿叫作"红龟"。细汉④的时阵，我上爱食的就是"红龟"。"红龟"甜甜、软软，佫有一款箬仔的清芳⑤，真好食，怀过食"红龟"着等。等到过年过节、有亲情⑥厝边⑦的囝仔满月，抑是搬厝请客即款喜事的时阵，则会当食着。因为"红龟"代表长岁寿、吉祥、福气，到喜事节日的时阵，逐个就真爱食伊。

一年到冬尾，春节时好食的上多。对初七暗暝⑧开始，阿妈甲阿母就开始操办"敬天公"要用的物件、食品，包红龟粿就是其中一项大"工程"。先将

---

①红龟粿[ang²gu¹ge³]：闽南地区民间传统米制品。大多作为喜庆、结婚、生日等礼品，又是"天公生""元宵节""佛祖生"的供品。②秫米[zut⁸bbi³]：糯米。③定定[diaN⁶diaN⁶]：常常。④细汉[sue⁵han⁵]：小时候。⑤清芳[cing¹pang¹]：清香。⑥亲情[cin¹ziaN²]：亲戚。⑦厝边[cu⁵biN¹]：邻居。⑧暗暝[am⁵mi²]：夜晚。

浸过水的秫米磨做米浆，捶做半干澹的一㧡①。了后将已经变做粉红色的麺㧡分作一细块一细块，包入先炒好的料——遮的料一般是用涂豆粉、甜豆沙、乌麻做的，包好了后则放入柴头做的"龟模"里面，扣好势，压压咧，就印出乌龟的痕路咯。即个时阵，将红龟粿的倒爿抹淡薄油平下在弓蕉箬仔的面顶，放入笼床②。了后下咧灶台顶的大鼎③里，用烧水蒸汽来炊④熟。

红龟粿上桌咯，着先孝敬"天公"。初八暗暝，阮兜迄张古早的八仙桌就搬出来共伊擦甲光映映⑤，桌顶会下甲满满是：红龟粿、发粿⑥、寸枣⑦、红圆仔⑧、糍枣⑨……野佫有三牲五果六斋。靠海的闽南人定定用鸡角、鱼甲猪肉来作"三牲"；"五果"是各种的果子。阮兜的桌顶定定下的是黄色的梨仔、芦柑，表示平安的大苹果，表示"生活节节悬"的甘蔗，野佫有象征"好运旺旺来"的王梨；"六斋"逐家拢无相款，阮兜是金针、木耳等等，菜色真丰富。阿公阿爸会在大厅中央挂"天公灯"。大人拢无闲砌砌⑩，囝仔就真欢喜在迌迌。"敬天公"着在天要光以前，我甲表兄、表阿姊即爿行行咧迄爿趖趖咧，竟然一点仔都赡爱睏。

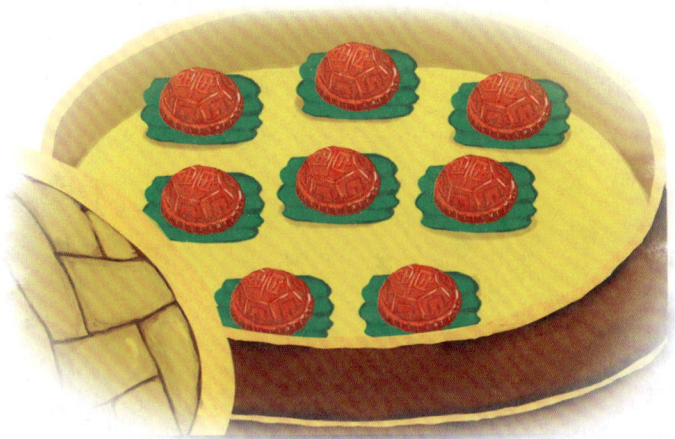

---

①㧡[go²]：量词，用于半干半湿的成团状物品。②笼床[lang²sng²]：蒸笼。③鼎[diaN³]：锅。④炊[ce¹]：蒸煮。⑤光映映[gng¹iaN⁵iaN⁵]：形容亮光闪烁。⑥发粿[huat⁵ge⁵]：发糕，一种发酵类米制糕粿团。作为传统特色糕点，常用于春节、冬至等节庆食用。⑦寸枣[cun⁵zo²]：闽南地方传统小吃，常用于春节食用。以植物油、面粉、糯米粉、白砂糖制成，香酥脆甜。⑧圆仔[iN²iaN³]：汤圆；⑨糍枣[ziN⁵zo²]：类似麻团的一类食品。⑩无闲砌砌[bbo²ing²cih⁷cih⁷]：形容十分忙碌。

等到会当食红龟粿，阿妈坚持着佫炊烧则互阮团仔食，炊熟的红龟粿食起来亲像麻糍，佫软佫香，怀过阿妈怀互阮加食，惊阮食多丂消化。贪食的我会趁阿妈无注意加食几块，加喫几嗲。所以，我定定咧映望，映望过年，映望闹闹热热食一摆红龟粿。一年佫一年，在这种映望当中，我大汉咯。

又佫再是一年的春节，我已经是阿妈甲阿母的帮手，而且得着包红龟粿的资格咯。看着小弟小妹一双一双映望的目珠，看着小弟小妹大喫细喫食我炊好的红龟粿，我突然感受着另外一款的芳甜。

【思考讨论】

1. "一年佫一年，在这种映望当中，我大汉咯"，这种"映望"指的是什么？
2. 为什么"我突然感受着另外一款的芳甜"？

趣味词语 曲目❷

读一读下列闽南话词语，说一说哪些不属于食品？

| 麺线亲 | 咸酸甜 | 猪头髓 | 万寿匏 | 红龟粿 |
| 偷食步 | 寸　枣 | 芝居力 | 番仔番薯 | 番　姜 |

对话语法 曲目❸

认别新同学

蔡一鸣：你好！我是初三（2）班的蔡一鸣，是来接新同学的。你叫甚物名？

陈　兰：我姓陈，单名兰。逐个拢叫我陈兰。请问初一（2）班的教室安怎行？

蔡一鸣：对头前倒手爿斡过去就到咯。佫有甚物怀知影的拢会用来问我。

陈　兰：多谢，费神你啊！

蔡一鸣：免客气。遮是应该做的。

陈　兰：共你介绍一下。伊是我的小学同学，姓林，名
　　　　叫思琪。现拄时是新日中学初一（3）班的。

郑博文：思琪，你好！

陈　兰：伊是我即阵的同学，叫作郑博文。阮拢读初一
　　　　（2）班。

林思琪：你好！博文。

句型——陈述句

用闽南话陈述某事时，常用语气助词"的"来结尾。

> **例句**
> 我是来接新同学的。
> 伊是新日中学初一（3）班的。
> 遮是过节食的。

说说做做

　　你最喜欢的食物是什么，吃起来有什么感受，为什么喜欢它，你知道它的由来吗？可以拍摄照片、查找资料或者请教长辈，最后尝试用闽南话互相介绍"我最喜欢的食物"。

② 传统服饰的魅力

和五花八门的闽南饮食相比，闽南服饰突出了简单质朴的特点：重实用而轻样式，崇尚简单朴素。闽南话俗语"吕洞宾，顾喙无顾身"，形象地表明闽南人在观念上素有"一吃二穿"的思想。而沿海的气候与劳作的需求也造就了闽南的服饰特色。如今，闽南大多数地方的服饰已没什么区别了，但仍有惠东、蚶浦等地保留着极具特色的服饰。

来读 曲目4

惠女服饰

惠安崇武①查某②的服饰是闽南地区非常有特色的服饰之一。黄笠仔配上花头巾，头顶一年四季包甲密唧唧③；青色的布衫短俗狭④，定定露现出肚脐来；阔哴哴⑤的乌裤阔俗夤，就是水当当的惠安查某标准的形象。有拍油诗讲甲真形象："趋俭⑥衫，浪费裤，封建的头壳，开明的腹肚。"即款衫裤干焦⑦在崇武时行，闽南其他所在拢无。

会当讲，惠女服饰正是惠安查某骨力劳动创造出来的。在看重农耕的封建社会，惠安即爿的土地贫瘠造成百姓生活困苦，丈夫人⑧大部分出外讨趁，厝里的生产劳动只会当互查某来承担。因为地理位置的关系，惠安山风海风真透。为了方便在即款环境下劳动，惠安查某的服饰就着真实用：阔哴哴的裤方

---

①惠安崇武：惠安县崇武镇隶属福建省泉州市,地处福建东南沿海突出部、中国东海与南海的分界线，三面环海。②查某[za¹bboo³]：女性，女人。③密唧唧[bbat⁸ziuh⁷ziuh⁷]：密实。④狭[ueh⁸]：窄。⑤阔哴哴[kuah⁷long⁵long⁵]：形容宽松的样子。⑥趋俭[kiu²kiam⁶]：节俭。⑦干焦[gan¹da¹]：仅仅。⑧丈夫人[da⁶boo¹lang²]：男子，男性。

便落海劳动，就算是裤互海水拍澹去也真易干；短佮狭的衫避免劳动时手碗头会流癀①，拣石头仔、补绽②渔网也真方便；笠仔会当遮日头，头巾会当截风沙。斗笠面顶有抹桐油，安尼连落雨拢怀惊咯。艰苦的劳动无互惠安查某放揀③对美丽的追求。金色的笠仔若亲像天顶的日头，热情活泼；青色的短衫若亲像大海的波浪，深邃多情；乌色的阔裤若亲像浩瀚的宇宙，稳重大方。惠女服饰是大自然中美丽的化身。头巾顶画彩色的花蕊，腰顶踅④银链仔摇来摇去，又佫加添了女性的风采甲神韵。头巾恒恒⑤勘⑥在喙䫌⑦，干焦会当看着個的目眉、目珠、喙仔鼻仔，神秘的感觉佫较显出惠安查某的含蓄、恬静。

　　惠女的穿插上重视的是腰以上，尤其是头顶的妆娗⑧上特别，花样上多。无㧬的场合、无㧬的年纪，头顶戴的物件有明显的区别。可惜的是穿惠安传统惠女服饰的人已经无以前赫尼多咯，干焦部分年纪较大的惠女会照传统来穿插。怀过挂着节日、婚礼即款喜庆的时阵，真多老少查某就会将家己合意的传统服饰拿出来穿。欢声笑语中，美丽的惠女好亲像花蕊㧬款。现在，愈来愈多的惠女重视穿惠女服饰，为個的文化感到骄傲。传统的惠女服饰以另外一种形式流行起来，结合惠女服饰元素的服装行上了各种国际的大舞台，互世界拢感受到伊的独特魅力。

---

①流癀[lao²siong²]：肮脏。②补绽 [boo³tiN⁶]：缝补。③放揀[bang⁵sak⁷]：放弃。④踅[seh⁸]：绕。⑤恒恒[an²an²]：牢牢。⑥勘[kam⁵]：盖。⑦喙䫌[cui⁵pue³]：面颊。⑧妆娗[zng¹taN⁶]：装扮，妆饰。

【思考讨论】

1. 惠安女的服饰有哪些特点？
2. 为什么说惠安女的服饰是"骨力劳动创造出来的"？

趣味词语 曲目⑤

下列衣饰穿戴类词语，分别代表什么？认一认，大声念出来。

| 穿 插 | 手祝头 | 衫 裤 | 胛 仔 | 手 束 | 手 巾 |
| 睏 衫 | 空气鞋 | 风 幔 | 大 屧 | 颔 巾 | 手袋仔 |

对话语法 曲目⑥

讲天气

琪琪：今年热天赫尼热！

子涵：是啊。惊死人的热！有够燥。我看即
　　　个乌云，那亲像会有西北雨。若落雨
　　　就会好淡薄。

琪琪：哇。你真厉害！随讲就随落雨啊。阮
　　　紧行到迄爿厝必见觑雨。

子涵：行行行。我也无想到则尼紧就落雨。

琪琪：瞋雷瞋甲则尼大声！

子涵：安尼即几日会降温咯。

句型——感叹句

用于表示快乐、惊讶、悲哀、厌恶、恐惧等浓厚的感情。闽南话中常用"则尼""赫尼""真"等词语来表达感叹句。也常用"哇""哎呀呀"等助词来加强感叹的语气。

例句

今年热天赫尼热！

你真厉害！

瞋雷瞋甲则尼大声！

说说做做

福建三大渔女——惠安女、蟳蜅女、湄洲女，均以独特的服饰穿戴而著称。三大渔女服饰均是沿袭传统汉族服饰的制式，"重头不重脚"是她们的共同特征。收集渔女的资料，了解在特色服装背后的故事，用闽南话介绍她们的服装和文化。

③ 特色节日甲风俗

闽南有着丰富的民间传统节日，"春节、元宵、清明、端午、中元、中秋、重阳、冬节"这八大节是闽南重要的传统节日，充满着浓厚的文化气息。中秋博饼是厦门地区的一项独特节日民俗，寄托着闽南人祈求欢乐团圆、公平进取、幸福吉祥的美好愿望。

来读 ⑦

博饼的意味

一年一度的中秋节到啦！鹭岛里外，骰仔声一阵一阵，四界闹热滚滚①，这是咧做甚物呢？原来是逐个咧博饼啊！

博饼的风俗互厦门的中秋显得特别有气氛。厝里一家人围坐做一下来博饼，月光的清辉充满天伦的欢喜；朋友同事相招来博饼，月娘下共同映望生活的好彩头。你听，脆脆的骰仔声；你看，欢喜的笑面。人甲人之间的距离一下就消无去咯。

中国人讲"天人合一"，讲究的是人甲自然的和谐。拜月娘拜祖先，是各地共同的风俗。唯独在厦门、晋江安海甲金门即岁，怀知影是倒一个朝代开始，百姓人兜就将月饼改作大细怀徜、等级怀徜的"会饼"，闹热滚滚博起"状元饼"，而且一代传一代，流传到现代社会。

闽南人发明的"会饼"②一般来讲，大大细细拢共有63个。对32个的秀才到单个的"状元"，是依照古早时科举制度来号名③的。比如讲，"二举"代表

---

①闹热滚滚[lao⁶liat⁸gun³gun³]：形容十分热闹。②会饼[hue⁶biaN³]：厦门地区对月饼的特殊叫法。③号名[ho⁶mia²]：取名。

18

"举人"，"四进"代表"进士"，愈悬职称的饼数量就愈少，会当博着的机会也就愈细。这自然也是科举文化的民间产物，怀过佫较是闽南人有"爱拼则会赢"意识表现。请注意，虽然人人为博状元斗志满满，但绝对獪为一个"状元"来变面。相反的是，闽南人将古早时神圣的科举制度运用在一"会"甜勿勿①的月饼，变作了一款老少皆宜的游戏，这无疑也是闽南民间的一种智慧。

佫较有意思的是，在传统的博饼当中，博着的状元饼，"状元"家己是獪用独吞的，着放炮庆祝，点香火拜月娘，了后"状元"则会将状元饼平分切块，有五个人来博饼就切五块，有十个人来博饼就切十块，人人拢来食状元饼，逐个拢为得状元庆贺。等到第二年中秋，即个博着状元饼的人佫着买上"一会"状元饼，叫上褐款的人马佫来博饼。如此这般，周而复始，就有了年年博的月饼，长长久久的感情。

在公公平平的竞争、圆圆满满的深情当中，闽南人度过古早人所讲的"但愿人长久，千里共婵娟"的佳境。

（根据朱水涌《博饼的意味》改编）

---

①甜勿勿[diN¹bbut⁸bbut⁸]：形容香甜可口。

【思考讨论】

1. 为什么在传统的博饼中，博得了状元饼，"状元"并不独吞？

2. 闽南有丰富多彩的节日民俗。除了中秋博饼，还有哪些节俗呢？

趣味词语 🎧8

念一念下面的闽南话词语，说说看它们有什么特点。

闹热　　咙喉　　头前　　气力　　久长　　膏药　　鞋拖　　机司

麺线　　少缺　　怪奇　　鸡母　　人客　　水泉　　弃嫌

对话语法 🎧9

时间安排

小　明：平常时，你一日是安怎安排的？

陈　兰：早起起床甲阮爸爸去公园锻炼，了后读册
　　　　半点钟，食早起顿，爸爸载我去学堂。

小　明：放暇呢？有去学泅水无？

陈　兰：明仔日有要去。最近有去兴趣班学弹琴。
　　　　你有继续学拍鼓无？

小　明：最近较有练习。头一礼拜，先生教我五线
　　　　谱，听拢无。比迄个时阵好多咯。

陈　兰：今仔日也要去无？

小　明：今仔日怀去咯。今仔日中秋节，阮要来去
　　　　买博饼用的会饼。

句型——"有无"句

闽南话中，"有"代表了存在，与"无"相对应，有许多区别于普通话的用法。如，"有要去"是把"有"放在动词前，相当于"将要"；"听拢无"是把"无"放在动词后面做补语，表示对动作的否定。"有……无"句式则表示疑问，相当于"……吗"的问句，用于确认性状、事实、存在、获得等。

例句
有去补习无？
明仔日有要去。
听拢无。

📖 说说做做

你最难忘的节日是什么？这个节日有哪些传统习俗？收集相关资料，用闽南话向同学介绍你最难忘的节日。

单元互动拓展

拓展学习

甚物是中华文化甲闽南文化？⊞目❿

中国是一个多民族的国家。中华文化是中华各族儿女共同创造甲拥有的多元一体的文化。中华各族中，汉族的人口占百分之九十以上，以汉字为基本特征的汉文化，是中华文化的主体。汉族也是多元融合而成的。在汉族长期的历史发展过程中，因为各种原因造成的人口搬徙，各地原有居民甲搬徙来的移民融合后，逐渐形成了汉族各个地方的分支，也就是所讲的民系。各个民系所创造甲拥有的民系文化甲区域文化，如闽南文化、客家文化、齐鲁文化、巴蜀文化等等，互汉文化变甲多元而丰富多彩。遮民系文化甲区域文化，定着是中华文化的重要组成部分。

实践分享

1. 闽南有丰富多彩的民俗文化。分成几个小组查找相关资料，做成资料卡片，在课堂上分享。

2. 围绕民俗活动进行 3 分钟以上的闽南话演讲。可以展示照片、资料，重点说说自己亲身经历过的一些民俗活动。

闽南风情

闽南地区气候宜人、风景秀丽。暖热湿润的亚热带海洋性季风气候，造就了不一样的自然和人文景观。一起来探索富有生机的闽南花草树木、饱含文化底蕴的闽南风景名胜以及浸润着历史记忆的闽南建筑，从中领略独特的闽南风情吧！

① 花草树木皆有情

一草一木总关情。闽南地区气候宜人、花草丰美、树木葱郁，散发着生机勃勃的气息，透露出闽南人热爱自然与和谐的情怀。你是否曾留意这一方山水养育出的一草一木呢？

📖 **来读** 📀①

传说二则

凤凰木的传说

相传在真久真久以前，厦门岛奇山怪石，无树无草，是一个荒无人烟的岛屿。一年冬天，一阵白鹭飞到遮来歇睏①。焄头的大只白鹭在规个岛面顶踅一圈，伊发现四周的海里鱼虾成群，岸顶虽是光秃秃，怀过无毒蛇猛兽，感觉即个岛屿会当徛落去。虽讲有吃绘了的鱼虾，怀过即个岛春天无花无草，热天无泉水，野无大树头来荫日歇睏，生活怀是真如意。大只白鹭就将白鹭分作两队，一队在岛顶找水捣②泉，一队到大陆找草籽、花种。

日头起佫落，九九八十一日过去咯，在岛屿顶捣泉水的白鹭已经用喙啄了几落个泉空，水泉哗哗哗对山顶流落来的时阵，去大陆顶找花草种籽的白鹭也倒来咯，将找来的逐款花种、草籽掖③向全岛。无偌久，花种甲草籽拢暴芽④，草愈来愈密，花愈开愈多，一丛一丛的树仔也生出来咯。厦门岛的环境好起来咯，大陆顶的其他鸟仔也飞来遮做岫⑤，蜜蜂甲美蝶看着遮花红树绿，也飞来遮采花粉。鹭岛变甲鸟叫花芳、生机勃勃。

---

①歇睏[hioh⁷ kun⁵]：休息。②捣[oo⁵]：挖掘。③掖[ia⁶]：撒播。④暴芽[buh⁷ gge²]：发芽。⑤岫[siu⁶]：巢穴。

徛在海底的蛇王看着厦门岛变成一个真水的岛屿，就起歹心数想①要霸占规个岛屿。伊焉来一阵蛇妖偷偷趄来厦门岛。白鹭真张提②，马上一只接一只真勇敢向遐毒蛇冲去。两爿对拄③，毒蛇一只一只徛起来要咬白鹭，白鹭怀惊毒蛇，用个长佫尖的喙向毒蛇的目珠啄落去。蛇王看着毒蛇连连退后，真着急，就展开伊的喙"呼"一声，喷出一大团的毒气，大只白鹭用翼股④遮毒气来保护其他白鹭，怀过家己中毒晕过去，互蛇妖咬甲血流血滴。伊的血染红了一大片的草埔，性命恐真危险，但是伊心心念念要保护其他白鹭，用最后一口气向蛇王的咙喉啄落去。蛇王的血亲像水泉喷出来，其他毒蛇惊甲退到海里。白鹭得救咯！在大只白鹭流血染红的迄片草埔顶，生出一丛一丛的大树。树的箬仔，亲像大只白鹭的翼股展开；树顶的花，亲像大只白鹭的血㾗款红记记。逐个讲这是因为大只白鹭无死变做红色的凤凰对树顶飞走起，所以就将即款树叫作"凤凰木"，厦门岛，就叫作"鹭岛"。

鱼腥草的故事

唐代武则天时期，陈元光⑤对中原焉⑥兵来到闽南漳州即爿平定叛乱。即个时阵拄好是热天最热的时阵，日头赤炎炎⑦亲像火咧烧，陈元光焉来的士兵又佫拢是北方人，怀八经受着南方的热毒天⑧，一个一个若亲像在笼床里，热甲规身汗。规个部队差不多十个有八个中暑咯，嬡⑨讲是拍战，连性命拢有危险。

---

①数想[siao⁵siuN⁶]：企图。②张提[diuN¹di²]：警觉。③对拄[dui⁵du³]：对峙。④翼股[sit⁸goo³]：翅膀。⑤陈元光[dan²gguan²gong¹]：（657—711年）光州固始人，开唐功臣门第、将军世家。自未弱冠之年即随父率众南下，直至殉职，始终坚守在闽戍地，长达四十二年。他是促进中原文化与闽越文化融合的奠基者，民间信仰尊其为"开漳圣王"。⑥焉[cua⁶]：带领。⑦赤炎炎[ciah⁷iam⁶iam⁶]：形容日光热辣。⑧热毒天[luah⁸dak⁸tiN¹]：炎暑。⑨嬡[mai⁵]：甭、别、不要。

有一日中昼时，一个衫裤破烂烂、老扩扩①的乞食到军营门骸口来讨饭食。看守大门的士兵拄好互日头曝甲头眩目暗，大声共老乞食喝："紧闪啊，老柴头！"即个时阵，陈元光也拄好骑马倒来，伊看着士兵则尼无礼数，就大声批评讲："对待老人着有耐心，那会当则尼恶霸！"又佫下马将随身带的粮食送互老人，回礼讲："歹势啊，老伙仔，個拢怀八曝过咱即出的日头，逐个曝甲头眩眩、歹脾气，你嬒受气哦。"乞食听了，将陈将军焄到军营门骸口的水沟仔边头，挽一枝草起来，送互陈将军，讲："将军大人你是大好人，我感激不尽。无甚物会当回报的，即枝草是草药，只要用即款草药燃②一鼎大肠汤，啉了以后，保证你的士兵药到病除。"讲了，老乞食转身就看无人影咯。陈将军马上跪落来向天磕头："感谢上天指点！"了后就命令部下去挽即款草药来燃汤啉。兵将啉了即款汤，无两日就精神真好咯，逐个想讲有仙人斗相共，士气大振，一气消灭叛军。因为即款草药有鱼的臭腥③味，陈元光就将即款草药叫作"鱼腥草"。

【思考讨论】

1. 凤凰木得名的由来是什么？
2. 鱼腥草得名的由来是什么？

趣味词语 曲目12

　　用闽南话念一念下列词语，选出图中所示动植物名称。

青草　娘仔箬　石榴　月季　桂花　蒲公英　客鸟　墨贼　露螺　草猴

---

①老扩扩[lao⁶kok⁷kok⁷]：形容年迈。②燃[hiaN²]：煮、烧。③臭腥[cao⁵ciN¹]：腥臊味。

相借问

小明阿公: 势早！真久怀八看着你咯。
最近真无闲乎？

琪琪阿妈: 势早！最近拢在厝里邀囝
仔，无闲砌砌。

小明阿公: 焉囝仔是真碌。即阵是要去
倒一位？

琪琪阿妈: 跟阮查某囝去公园食空气啦。下礼拜阮孙度晬，有闲就相合来斗闹
热。真久怀八看着恁查某囝咯，有闲也斗阵来。

小明阿公: 恭喜哦！你先无闲，等有闲咱则来泡茶喝仙。

句型——疑问句

疑问句表示询问或反问。闽南话中常用 "怀""无""乎""呛""有无""要
无"做疑问助词。也会在句中用"倒落"等疑问词来表达疑问的语气。

> **例句**
> 最近真无闲乎？
> 你要去倒位？
> 食饱未？

📖 说说做做

收集一种常见闽南植物的相关资料，用闽南话说一说这种植物的特性或者
相关的故事传说。

② 风景名胜走透透

闽南风景看透透，名胜古迹遍地有。走进闽南风景名胜区，一方面领略闽南的秀丽山水、绝美风光，一方面从中感受闽南深厚的文化底蕴。学习本课，了解闽南的风景名胜，说一说你游览过哪些名胜。

📖 来读 曲目14

厦门地名学①（节选）

甲：我考你，厦门"大九景"你敢知？

乙：真奇怪，厦门有"大八景""小八景""景外景"，总共"二十四景"，从来吗怀八听过"大九景"。

甲：有"大八景"就有"大九景"，"九"是大数，"大九景"里面有一个典故，我的名字甲伊并排流传千古，无你讲看映，"大八景"是甚物你敢知？

乙："大八景"是："洪济观日""阳台夕照""五老凌霄""万寿松风""虎溪夜月""筼筜渔火""鸿山织雨""鼓浪洞天"。

甲：第九景是"洪塘相连"。

乙：你怀咧喝仙，哪有一景"洪塘相连"？

甲：当这慢者处理好怀好？

乙：好。下面我考你，一个地名开头对"一"到"十"，一人一句，接呛落去算输。

甲：好，我先来……啊当害！万事起头难，这"一"字歹安排……乎！有，"一支春"。

乙：我敢"大前门"，厦门倒一个所在叫"一支春"？

---

①节选自陈清平答嘴鼓《厦门地名学》。

28

甲：……啊当嗑！着，"一线天"。

乙："二舍庙"。

甲："三丘田"。

乙："四空井"。

甲："五箬牌"。

乙："六仙公"。

甲："七星石"。

乙："八卦楼"。

甲："九条巷"。

乙："十……"哭作舍①，这"十"歹项拢，着！"十一间"。

甲：怀着，这题是对"一"到"十"照顺序，一人一句，你对"十"跳去"十一"算输。

乙：你即股有够茹②，开头有"十"就要你。这说明我会晓灵活应付。看来咱两个无相输。佫换一个形式较风趣。

甲：即摆题目由我出，保证要你输甲黜龟③。

乙：看你要出啥赌？

甲：地名接龙。各人讲出一个地名，尾字连头字，唅使停。

乙：我讲"集美"。

甲：我接"美仁"。

乙："仁安"。

甲："安海"。

乙："海后"。

甲："后河"。

乙："河仔下"。

甲："下（霞）溪"。

乙："溪岸"。

甲："岸……岸顶"。

乙：你是滥糁④"岸"，岸无脉，输彻彻。"岸顶"在倒落，无带通找。

———————————

①哭作舍[kaoˆ⁵zokˆ⁷siaˆ]：口头语，表示"糟糕"。②茹[luˆ]：乱。③黜龟[lutˆ⁷guˆ]：掉裤子。④滥糁[lamˆ⁶samˆ]：滥用。

甲：你顶面有"霞溪"有"溪岸"，有"溪岸"当然有"岸顶"，野有"岸下"，哪会无带找。接落去，看你要接"顶"抑是接"下"。

乙：好，算你着。"顶……顶沃仔"，我尾字是"仔"。

甲："仔……鸭山"。

乙："鸭山"？厦门人互你硷相瞒，有"鸡山"哪有"鸭山"？

甲：我问你，"鸡山"在啥所在？

乙：鼓浪屿。

甲：着。鼓浪屿四面是海墘①，饲鸭较有利，饲鸡无偏，应该叫"鸭山"则合宜。

乙：算你接硷歹。下面换出灯猜。我先来。"广交会"互你猜厦门一个所在。

甲：广交会，生理会做去真大，猜"大生理（里）"稳当硷走踅②。即摆换我出一个互你连伐③都硷晓通伐。

乙：做你来，我连掣④都硷掣。

甲：凌霄宝殿。

乙：凌霄宝殿是天公庙，在云顶，猜云顶岩，稳当着。

甲：看无刣出重⑤。下面出一个互你捎无头总⑥："印度首都"。厦门地名若无熟，外国地理若无读，着怀知空。

乙：这有啥为难，看要讲澳大利亚、新西兰、斯里兰卡、苏丹，抑是纽约、加里曼丹，规粒地球我走透透。印度首都是新德里，厦门的新德里甲印度无閤，即个谜面出去太稀罕。

甲：野泛泛⑦。

乙：我出"蒙正故居"，猜硷着就认输。

甲：吕蒙正旧时徛的厝。

乙："厝……"我看你是猜硷来，听我来分解："蒙正故居"猜乞食营，在灌口迄个所在。

甲：你出即个太偏僻，连灌口地图吗无即个名。

乙：阿无要叫作厦门地名博士赫易趁食。

---

①海墘[hai³giN²]：海滨。②走踅[zao³zuah⁸]：走样。③伐[huah⁸]：迈出脚步。④掣[cuah⁷]：发抖，害怕；⑤看无刣出重[kuaN⁵boo²tai¹cut⁷dang⁷]：看不出这么厉害。⑥捎无头总[sa¹bbo²tao⁶zang³]：捎：抓，头总：成束的发髻，比喻头绪。整句意为抓不住要领。⑦泛泛[ham⁵ham⁵]：还可以。

【思考讨论】

1. 文中提及的厦门"大八景"有哪些？

2. 收集资料并讨论"答嘴鼓"和"对口词"两种曲艺形式的不同之处。

📋 趣味词语 曲目15

选择正确的闽南话数量词填入括号中。

（好多）（几落）　　（千多）（千外）　　（一些）（淡薄）　　（封）（张）
（　　）个　　　　　　（　　）人　　　　　　（　　）麵粉　　　一（　　）信

（座）（位）　　　　　（架）（顶）　　　　　（个）（块）　　　（丛）（棵）
两（　　）所在　　　三（　　）车　　　　　五（　　）椅仔　　六（　　）树

（块）（个）　　　　　（条）（道）　　　　　（个）（床）　　　（床）（领）
七（　　）桌　　　　　八（　　）溪　　　　　九（　　）鸡卵糕　十（　　）被

💬 对话语法 曲目16

问路

小弟：阿姆，借问一下，阮要来去中山路，行
　　　路会真远呣？

阿姆：中山路走路真远啊！最好是坐车。坐1
　　　路的公共汽车，差不多15分钟会到。

小弟：多谢阿姆。若是要来去鼓浪屿迌迌，着
　　　怎样行？

阿姆：去鼓浪屿较麻烦，若是外地游客，着先坐车去东渡码头，了后换坐船。坐船差不多10外分钟就到咯。恁在遮附近迢迌，会当先去植物园啊！植物园就在遮附近。

小弟：安尼喔，多谢阿姆啊！阮先来去植物园遨遨咧。

句型——"来去"句

"来去"在闽南话中，表示离开说话人所在地去某处或做某事。在告别时说"我来去咯"，代表"我去啦"的意思。"来去"句只能以第一人称为主语，或者主语中有第一人称的情况下才可使用，如：我甲妈妈来去买菜。当主语为第二、三人称，直接使用"去"即可。

例句

阮要来去中山路，要怎样行？

若是要来去鼓浪屿迢迌，着怎样行？

阮先来去植物园遨遨咧。

说说做做

闽南风光无限好，你参观过哪些闽南自然风景名胜？围绕"闽南风光"这一主题，自编一段两分钟的"答嘴鼓"，与同伴一起表演。

③ 闽南的建筑文化

闽南建筑是闽南人民伟大的创造：土楼被列入世界文化遗产，嘉庚建筑被列为全国重点文物保护单位，红砖大厝雕梁画栋，鼓浪屿上有万国建筑……当我们徜徉在闽南建筑中，似乎品味到了闽南人的价值取向和审美观念。

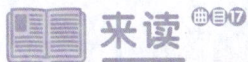

来读

话讲闽南建筑

建筑是技术、艺术甲人生习俗的综合。对技术的层面看，闽南建筑分作石构、木构甲涂构三种建筑技艺；对艺术的层面看，闽南建筑伓但①在造型顶体现了结构之水，而且也荟集了石雕、木雕、剪粘、烧瓷、砖雕、彩绘等闽南民间工艺，成做闽南民间艺术集大成的代表作；对人的生活习俗的层面看，闽南建筑文化佫包含了建房习俗、徛起习俗甲民间信仰习俗。

闽南大厝

闽南大厝②，俗称"皇宫起③"。在风格顶，闽南大厝传承的是唐代中原建筑的风格。后来，厝檐牛角形的起翘慢慢变化，变作咱今仔日时常看着的佫较轻盈若要飞的燕仔尾。

闽南大厝有所谓的"三间起④"（三开间），叫"正身⑤"。这种"三间起"，中央是厅，两爿是睏房。若无够徛，在"正身"的两爿各增起一间较下的房，变

---

①伓但[m⁶na⁷]：不仅。　②闽南大厝[bban²lam²dua⁶cu⁵]　③皇宫起[hong²giong¹ki³]　④三间起[saN¹ging¹ki³]
⑤正身[ziaN⁵sin¹]

成"五开间"。即种建筑一字排开，呼作"一条龙①"抑是"丁排厝②"。"一条龙"向前加起左右护龙，用作仓库、厨房，中央空地作庭院，头前奎③院墙、门，就变做三合院式的闽南大厝上基本的形态，俗称"一进一落④"，或者是"单落厝⑤"。

上典型的闽南大厝是红砖大厝。其中"雁子砖⑥"是质地上好而且真有特色的。闽南著名的大厝有泉州南安官桥的蔡厝甲泉州杨阿苗宅、漳州芗城天宝洪坑村古民居群、厦门海沧新垵六百外座红砖大群落甲莲塘别墅等。

闽南土楼

闽南土楼⑦多数选在靠山倚水的坡地或者是近溪的山谷中，也有选在山、水、田、楼相合的地理环境之间。闽南的土楼多数是方形楼甲圆楼，也有弧形、八角形、曲尺形等等。

里通廊式的土楼里，逐家逐户的房间门前有圆环形的走马楼，每一层有四五个公用的楼梯。单元式的土楼每一层无贯通逐户的走马楼，土楼分为一套一套的垂直单元，逐单元有独立的门户，有独立的庭院，有独立上落的楼梯。

---

①一条龙[it⁷diao²ling²]　②丁排厝[ding¹bai²cu⁵]　③奎[kit⁷]：砌。④一进一落[zit⁸zin⁵zit⁸loh⁸]　⑤单落厝[dan¹loh⁸cu⁵]　⑥雁子砖[ggan⁶zi³zng¹]　⑦闽南土楼[bban²lam²too³lao²]

土楼一般悬三至五层，第一层是厨房，第二层是仓库，三层以上来徛人。一个土楼会当徛200至700外个人。

漳州南靖梅林乡的怀远楼、和贵楼，书洋镇的田螺坑土楼群，华安县仙都镇的二宜楼，泉州南安金淘镇的朵桥土楼，厦门同安五显镇的庶安楼，拢真有名。

番仔楼甲嘉庚建筑

番仔楼[①]，是闽南侨乡一种中西合璧的民居。即种番仔楼，造型新奇，灵活多变，厅堂居室开阔舒展，功能分区合理。番仔楼的样式拢真特别，门窗、外墙甲装饰有真多西方的建筑特色。建筑材料多数用水泥、钢筋、水泥花砖甲花玻璃等。厦门鼓浪屿顶的"黄家花园中楼""黄荣远堂别墅""海天堂构""金瓜楼"拢是真有代表性的番仔楼。鼓浪屿因为汇集了中西方逐款建筑，岛屿面顶有历史风貌建筑390外座，互人叫作"万国建筑博物馆"。鼓浪屿也在2017年成功列入"世界文化遗产名录"。

---

①番仔楼[huan¹na³lao²]

在闽南地区由华侨引入的建筑当中，有一款风格真特别的建筑，人叫"嘉庚建筑"。"嘉庚建筑"的设计师就是互毛主席叫作"华侨旗帜、民族光辉"的著名爱国华侨陈嘉庚。伊对南洋倒来家乡了后，为了乡里的囝仔读册明理，捐真多钱来起学堂。伊认为学校的建筑呣用全部学西方的样式，也着有咱中国的特色。咱即阵看着的厦门大学、集美学村里面有真多建筑就是人讲的"穿西装、戴草笠"的"嘉庚建筑"。厝檐保留闽南大厝的特色，楼身吸收西方建筑、南洋建筑的优点，"嘉庚建筑"中西合璧，庄重典雅；楼身通风，光线充足，非常适合学生读册，伊代表了咱闽南华侨爱国爱乡的精神。

【思考讨论】

1. 闽南大厝中"三间起"和"一进一落"是什么样的？

2. 内通廊式的土楼里，每家每户是如何通连的？

3. 鼓浪屿为什么被称为"万国建筑博物馆"？

4. "嘉庚建筑"的特色是什么？为什么说它代表了闽南华侨爱国爱乡的精神？

趣味词语 🔊⑱

选择正确的词填空。

青笋笋　　　冷卑卑　　　乌趐趐　　　恶臭臭

1. 你为甚物惊甲面仔_____？

勇剧剧　　　肥律律　　　慢罗趏

2. 即只狗仔互你饲甲_____，走甲真食力。

瘠赤　　　伬伬跳　　　活跳跳

3. 迄两个是双生团，两个平平愚，一个是居居无爱讲话，一个是_____真活泼。

酱朕朕　　　软趐趐　　　澹漉漉

4. 落大雨了后，路变甲_____，我规裤骸拢是涂。

发落　　　发生　　　发动

5. 物件拢_____好势未？

对话语法 🔊⑲

参观旅行

陈兰：你看！厦门大学门口徛一大阵排队要参观学堂的人。

阿姊：是啊。阮学堂靠山面海，后壁有五老峰、南普陀，头前有海滩，学堂里的嘉庚建筑真有名。

陈兰：即带是人类博物馆吓？

阿姊：是，即块牌匾是徐悲鸿写的哦。

陈兰：听讲鲁迅也在厦大教过册。

阿姊：有一个鲁迅纪念馆。

陈兰：厦大水库是伓是佮着行甲真久？

阿姊：佮10分钟啦，你看起来已经行甲骹酸手软咯，咱先去食堂食饭。反正你会在遮迌迌几落日。

句型——补语句

补语是动词或形容词后面的补充说明成分。比如"痛甲叫出来""倚好势""讲甲安尼""来一摆"。在闽南话中常用"甲"来衔接补语，相当于普通话中的"得"，如"气甲要死""车开甲真紧"。

例句

排队排甲则尼长。

着佮行甲真久。

反正你会在遮迌迌几落日。

📖 **说说做做**

鼓浪屿汇集了各类闽南建筑，收集其中一栋建筑的资料，通过绘画、纸制模型等形式在课堂上展示，并用闽南话说说它的建筑特色是什么。

单元互动拓展

拓展学习

方言导游词——厦门 曲目⑳

　　厦门市在福建省的东南部、九龙江的入海处，两爿倚漳州甲泉州，对面是金门甲伊相倚的几个小岛，佮出去就是台湾海峡咯。厦门本岛只有 132.5 平方公里，怀过①厦门所管的有思明、湖里、集美、海沧、同安甲翔安 6 个区，合起来的面积着是 1565.09 外平方公里，其中海域面积 300 外平方公里。厦门是一个国际性海港风景城市，也是全国 5 个经济特区中的一个。

　　厦门岛早时是泉州府所属同安县的一个海岛，叫嘉禾里，也八②叫作思明。听讲当时有真多白鹭歇在遮，所以也叫"鹭岛"。厦门倚海，属亚热带海洋性气候，热天兪真热，寒天也兪寒，年平均温度 21 度左右，所以无论是来迌迌，抑是徛咧遮，拢感觉真舒爽。厦门的景色中，鼓浪屿上有名气，有"海上花园"的美称，是国家级重点风景名胜区，对厦门本岛坐 5 分钟的渡轮就到啦。即个小岛的面积只有 1.78 平方公里，无车咧行，岛里有真多趋坡③，最悬的所在是日光岩，伊是厦门的象征。日光岩、菽庄花园、皓月园、白宫式的八卦楼，遮出名的风景点，当然是着去行行的，怀过鼓浪屿的特色是伊的琴声甲海涌声，是伊的巷仔、番仔楼甲音乐。听讲细细的一个鼓浪屿就有 300 外台的钢琴，伊的密度在全国是第一，若佮加小提琴、吉它遮乐器，平均三户就有一种乐器。逐款式样中西合壁的建筑，互你看着目珠会花，诚实是"万国建筑的博览园"。

　　厦门岛的风景点也兪少，亲像万石岩、南普陀、厦门大学、胡里山炮台、华侨博物院、厦门的"大八景""小八景"以及新起的环岛路沿线风景，每一个景点里面的历史、文化甲风光景色实在太丰富咯。日时迌迌若兪瘬④，下昏⑤时你

---

　　①怀过[mˢgoˡ]：不过，但是。②八[batʔ]：曾经。③趋坡[cuˡpoˡ]：斜坡。④瘬[sian⁶]：疲倦。⑤下昏 [e⁶hagˡ]：晚上。

会用去中山路遨街买物件，也会用去看白鹭洲公园的音乐喷泉，野会用坐车，去观看名排亚洲第二的海沧大桥甲集美大桥、厦门大桥以及汽车火车并用的杏林大桥的夜景。你看了定着会伸出大部拇^①，连声喝好。

目珠看饱吗^②想要喙饱。厦门的名菜小食是甲多弥满^③。差不多全国逐位的名菜厦门拢有。阿若讲厦门菜，着是海鲜上有名的，食着诚实^④会大赶气^⑤。若是厦门特色的小食，实在是窒倒街，看是要烧肉粽抑是^⑥落花生汤，是要蚝仔煎、涂笋冻、韭菜盒、沙茶麵、芋包、芋泥、芋枣、五香、章鱼、薄饼、馅饼，抑是要麵线糊、姜母鸭、冬粉鸭、油葱粿、麻糍、糒枣、马蹄酥、贡糖、甜粿甲咸粿，应有尽有，会用去好清香酒楼食，也会用去黄则和、吴再添店食，吗会用踮在路边的摊仔食，着连食几款则会熁气。若是南普陀素菜，你一定着食郭沫若为伊号名的12道素菜，食了你定着会佫想要佫来食。

厦门也是文化艺术之城，传统的南音、歌仔戏、高甲戏，你着去欣赏一下。逐种石雕、木雕、书画、漆线雕也着拨工去看一下。现在，厦门在新一轮的跨越中，正咧把握机遇，乘势而上，为当好海西建设、改革开放甲对台交流合作的"排头兵"，做出新的贡献。

👥 实践分享

1. 闽南有丰富多彩的民俗文化。同学们分成几个小组去查找相关资料，做成资料卡片，在课堂上分享。

2. 围绕"民俗活动"开展3分钟以上的闽南话演讲。可以展示照片、资料，重点说一说自己亲身经历过的一些民俗活动。

---

①大部拇[dua⁶boo⁶bbu³]：大拇指。②吗[ma⁶]：也。③多弥满[zue⁶mi²mua³]：形容多的很。④诚实[ziaN²sit⁸]：真是。⑤赶气[guaN³kui³]：过瘾，对某事有满足感。⑥抑是[ah⁷si³]：或者。

古艺探寻

　　闽南有多种多样的传统技艺，通过民间艺人代代相传，延续不绝。一起来聆听富有闽南韵味的戏曲，观赏闽南独特的表演艺术，探寻闽南工艺的艺术特色，从而领略不一样的闽南古艺。

① 戏曲曲艺蕴春秋

生性爱热闹的闽南人对舞台上的铿锵锣鼓、生旦净末似乎有种与生俱来的亲切感。梨园戏、南音、歌仔戏、高甲戏、木偶戏……这些异彩纷呈的闽南戏曲可谓是闽南文化的精妙缩影，它们折射出闽南这块土地的市井百态，也彰显着闽南人独特的文化性格和审美情趣，深受海内外群众喜爱。

📖 来读 曲目21

偷番薯——歌仔戏《三家福》选段

天乌地暗看无路，
悬悬低低乱主摸。
欠采半路去拄着虎，
会互老虎拖去孝孤。
风声甲呼呼吼，
我规个心肝乱抄抄①。
怎样任行行赊到，
看无煞去跋落水沟。
拢一下鞋袜拢裼澹，
行路无分西甲东，
欠采若一点怀拄好，
跋落港，淹死吗怀敢叫救人。
一生怀积做即项，

---

① 乱抄抄[luan⁶cao¹cao¹]：乱七八糟。

跋了一掌头母稳当规空。
痛甲怀敢用手掩，
骸痛要行路真困难。
一路行天色愈暗，
看见一个乌影若像是人，
徛在遐若会震动。
若怀是鬼，
便是人，
人……人哪有赫高大，
哪有二九暝野落地做工，
鬼……我一生无做亏心事，
鬼怎会作弄好人。
我壮胆近前去看，
啊！真是的，
原来是丛大树……
害我惊甲魂飞魄散，
满头清汗。
这就是番薯园啊。
我间一亩乌乌。
是土地公庙。
即丘就是大头吉仔家的，
就踞遮捣着好。
若互人看见要怎样啊？
怀无我来去问土地公，
土地公若讲通捣则捣，
若讲怀通捣，
看破倒来去由在枵①啊，
若今暝要，

---

① 枵[iao¹]：饿。

偷捣甚物人的番薯呢？
庙仔边即丘番薯园，
是大头吉個的。
土地公啊，我是苏义先生啦，
因为施泮個妇人人，
无钱要去跳潭，
我一年教学勤俭的十二两银，
拢互伊帮替。
今仔日二九暝，
家里家己无半粒米，
不得已，想要共大头吉個，
偷捣几条番薯，
来去度过年。
若是通捣，
你互我一对圣杯。
啊，圣杯，哈哈！
土地公啊，若确实通捣，
无代志，
你佫互我一个圣杯。
佫再圣杯！土地公啊，
今暝我要共，
大头吉偷捣番薯，
一定无代志，
若你圣杯佫一个互我。
咦，佫一个去倒落，
我即个是笑杯，
野一个知影是阴杯，
野是笑杯。
哦，在遮啦，
佫再圣杯。

安尼会用得会用得。
这就是吉仔個的番薯园，
来共伊捣。
哎呀，我掌甲则长，
捣一下掌甲煞折去，
唉，着，用拔的。
唉，啊，断去。
番薯野在涂里。
土地公啊，你若有神灵，
就派几个手来共我帮捣。
啊，我的笺自，
煞走去倒落，
哦，在遮啦。
啊，则多番薯啊！
哦，土地公帮捣互我的啦！
哎呀，番薯佫会跳，
互我硌^①着手。
捣甲一袋仔"滇滇滇"啊，
安尼就好，
则个阮翁某至少，
也挡到初五隔开，
做人怀通太贪心，
人这也着工，也着本，
当背倒来去。
哎呀，土地公啊，
你番薯共我帮则多，
我背无法的，
你若有灵圣派一个仔，

---

① 硌[dok⁷]：重而硬的东西掉下撞击物体。

45

骹手共我斗背倒去。
咦，变则轻啊!
土地公真有灵感咧!
到阮兜啦!
哎，土地公真有灵感。
我讲一声到阮兜啦!
脚手煞放了了。
开门，开门啦，
赶紧开门啦，
哎哟，紧来死啦，
斗扶入去啦。
咳，咳，死了了。
我，我交代你，
门关就好伓通闩，
你则闩甲则牢，
咳，佳哉无去互人看见，
若互人看见，
较加着互人掠去死。
你甲人偷捣则尼多啊!
这是土地公帮捣的，
无我哪有法捣则多。
敢有影，你甲啥人偷捣的，
大头吉個的。
遮番薯佫水呢!
当伓通佫加讲话啦。
紧去起火，
先洗几条落去煮，
我枵一下拢要死啦，
当你共我帮扛入去，
呃。

【思考讨论】

1. 认真阅读课文，说一说苏义先生为什么要去偷番薯。

2. 苏义先生既然决定去偷番薯，为什么还要用掷筊决定是否真偷？这反映了苏义先生的什么品格？

趣味词语 曲目22

学说下列与烹饪相关的闽南话。

煮 燃 煎 烧 炒 卤 爆 馏 冲 捞 泡 谵 浮 焖 翁

泹 焐 炊 炕 封 烰 煤 炊 淋 温 烫 煏 烘 拌 煅

窝 煔 挠 科 熬 拭

对话语法 曲目23

点菜

服 务 员：欢迎，请问恁有几个人？

子涵爸爸：五个人。

服 务 员：请坐遮好无？遮对窗仔，会当看海景。

子涵爸爸：好啊。阮就一面看海景，一面开讲，一面食。

服 务 员：恁要点甚物？

子涵爸爸：真喙焦，先点淡薄啉的。有乌龙茶无？先来一壶乌龙茶。佫来一杯苹果汁互囝仔。恁遮有甚物特色菜，会当甲阮介绍一下无？

服 务 员：好。阮遮的闽南风味点心真有名，恁会当看菜单前几页。真多人会点薄饼甲麻糍。

子涵爸爸：一项互阮来一盘试看唛，有
　　　　　其他海味的菜无？

服　务　员：炒柔鱼、杂鱼豆油水，佫有
　　　　　鲜尺的石斑。遮有菜单，恁
　　　　　看爱食甚物。

子涵爸爸：安尼先来一个炒柔鱼、一个蚝仔煎，佫来一个炒麵线。其他的那食
　　　　　那拣看唛。

子　　涵：遮我拢无想要食。

子涵爸爸：点心怀爱食，炒菜也怀爱食，只想食冰淇淋。你安尼胃肠会艰苦。

句型——并列句

　　并列句是由并列连词把两个或两个以上的简单句连在一起的句子。闽南话中常常使用以下连词用在并列句式中："一面……一面……""一刁……一刁……""若……若……""要……佫要……"，表示否定的并列连词是"怀是……也怀是……""獪……也獪……"。

> **例句**
> 阮就一面看海景，一面开讲，一面食。
> 来一个炒柔鱼、一个蚝仔煎，佫来一个炒麵线。
> 点心怀爱食，炒菜也怀爱食。

📖✏ 说说做做

1. 自行搜寻其他歌仔戏的演出视频或高甲戏、南音等戏曲的片段，感受闽南话唱词的特点。

2. 学唱几句你喜欢的闽南戏曲，唱给同学听一听。

② 丰富的民间艺阵

艺阵主要指民俗活动如迎神赛会中的游艺表演与宗教性的阵头。一直以来，艺阵就是闽南人"迎闹热"的主力，一方面酬神娱人、营造热闹气氛，一方面让各地寺庙或村落在为他庙、他村的庆典提供艺阵时增强相互往来，增进情感。这些丰富的民间艺阵，使闽南民间文化精彩纷呈。

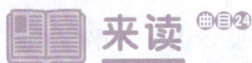

📖 来读 曲目24

闽南的阵头

闽南民间在传统顶无"舞蹈"的概念，基本上所有的闽南民间舞蹈拢互人叫作"阵头"，这是闽南非常独特、古老的叫法。

古早时，军队在拍战的时阵，将军着通过锣鼓阵来发号命令，击鼓是冲锋，鸣金是收兵，令行禁止，全靠锣鼓。军队得胜回朝的时阵，即个锣鼓阵佫着拍得胜鼓，对皇帝到丞相到平头百姓，拢会来迎接庆祝。安尼，除了遐锣鼓阵，舞长枪的也着舞几下，舞大刀的也来舞几下，就有长枪阵、大刀阵。来欢迎部队的人也着用各种阵头来表示欢迎，场面闹热滚滚。后来，百姓在庙会踩街的时阵，也模仿军队队伍，一阵一阵来表演，表演的形式慢慢变化，以舞蹈的形式出现了拍胸阵①、牛犁阵②、宋江阵等等。遮一阵一阵的表演，拢总叫做"阵头"。

---

①拍胸阵[pah⁷hing¹din⁶]：又称打七响、打花绰、乞丐舞等，闽南传统舞蹈，以拍打胸口为特色。

②牛犁阵[ggu²lue²din⁶]：又称"驶犁阵"或"驶牛犁"，流行于我国闽南、台湾地区，模拟农耕活动，活泼生动。

闽南民间阵头表演上大的特点就是全民参加。每到节日规家人穿盛装，会跳舞的跳舞，赡跳的着出力来扛阁①、扛王船，赡会扛起的，就拿一丛扫帚在阵头的头前扫街开道。

闽南民间的阵头形式丰富，各种各样。有舞蹈动作为主的白菜担②、搢球、拍胸，有武术表演的宋江阵、弄狮，也有带杂技表演的掷铙钹、高跷，野有纯粹是造型表演的"阁阵"，佫较有边歌边舞、又佫讲又佫唱的火鼎公婆、嗦啰莲等。到现在，影响力较大、咱较经常看着的闽南民间阵头的形式大概有二三十种，比如有：宋江阵、车鼓弄、蛤壳舞、拍胸舞、采茶掠蝶、公背婆、弄龙、弄狮等。

闽南民间阵头的表演真有创造性。在阵头表演中，会当家己添枝加箸，甚至是改头换面。比如讲厦门同安的车鼓弄就是两个公婆表演；泉州的车鼓变成八个演员，分别装扮作鲁智深、孙二娘等梁山好汉；南安丰州的车鼓佫较夸张，干焦是马队妆人就着有一百零八个男女儿童扮成一百零八个梁山好汉。正是民间遮无拘无束的创造，则互闽南民间阵头一千外年来花样翻新、与时俱进，深深扎根在闽南民众之中。

---

①扛阁[gng¹goh⁷]：阵头表演形式，将一块木板扛肩上，演员坐、立其上摆出各种造型姿式。木板称为"阁台"或"阁棚"。②白菜担[beh⁸cai⁵daN⁵]：闽南民间舞蹈形式，舞蹈发源于菜农担扁担一扭一摆的身姿。

【思考讨论】

1. 闽南的"舞蹈"又叫作什么？它的由来是什么？

2. 阵头有哪些鲜明的特色？

趣味词语 曲目25

念一念以下两组词语，体会闽南话词语构成与普通话存在的"同义异形"和"同形异义"的区别。

1. 与普通话同义异形。如：

普通话	闽南话	普通话	闽南话
灰尘	涂粉	牙刷	齿抿
肮脏	流瘼	作弄	创治

2. 与普通话同形异义。如：

词形	普通话含义	闽南话含义
电瓶	蓄电池	热水瓶
豆油	大豆榨出的油	酱油
手指	手指头	戒指
排比	一种修辞手法	安排，处理
受气	遭受欺侮凌辱	生气

课外活动

子涵： 恁落课要去踢球无？

志成： 欲去。看天气可能会落雨。若是落雨我就去室里体育馆拍篮球。俊伟個
规阵拢去图书馆看册咯。

子涵： 除非是落大雨，我则会怀去踢球。落细阵雨欲要紧啦！

志成： 你甲俊伟拢真拼，我无论甚物时阵看着俊伟，伊拢在看册。

子涵： 拜托咧，我是去运动，对健康有好处。俊伟的目珠早晏会拍歹去。

志成： 落雨踢球对健康有好处？随在你怎样讲，我也是感觉恁俩个拢着小顾
一下身体，做代志着有一个度。

子涵： 无管做甚物代志拢着认真拍拼。我来去拍拼咯，再见！

句型——条件句

条件句的前半句提出某种条件，后半句说明在这种条件下会产生什么后果。闽南话中常用的条件句关联词语有："只要……都（拢）……""无管/无论……拢着……""随在……野是……""除非……则……"。

例句

除非是落大雨，我则会怀去踢球。

随在你安怎讲，我野是感觉恁俩个拢着小顾一下身体。

无管做甚物代志，拢着认真拍拼。

📖 说说做做

1. 欣赏一种你感兴趣的闽南艺阵，收集相关资料并向同学展示这种艺术形式的特色。

2. 观看视频资料，学跳"拍胸舞"，感受这种艺术形式的魅力。

③ 工艺器物传匠心

闲南民间工艺是闽南经济和文化的双重载体，是世世代代闽南人智慧的结晶，是中华民族文化宝库的艺术瑰宝。跟着我们一起探寻闽南工艺的艺术特色，了解传统工艺的匠心传承，以坚守和发扬，让这些匠心工艺一代一代传承下去。

来读 曲目27

闽南的漆线雕

闽南民间工艺门类繁多，形式各样。对材质顶看，有石雕、木雕、漆线雕甲陶瓷，野俗有刺绣。泉州的惠安互人叫作"中国石雕之都"，石雕艺术品无处不在。泉州的木雕是"中国五大木雕"之一，木雕之多、工艺之精，互人叹为观止。漆线雕堪称是中国一绝，在泉州有 1400 外年的历史。德化白瓷蜚声于世，有"中国白""象牙白""奶油白"等等的美称，在中国瓷艺中独树一帜。泉州是海上丝绸之路的起点，刺桐绣举世闻名，手工刺绣是中国"非遗"保护中最珍贵的物种之一；对工艺顶来分，有彩绘、剪瓷粘①等。闽南彩绘常见于庙宇、祠堂及民居。泉州府文庙甲蔡氏古民居建筑群，是国家级文物保护单位。闽南古建筑厝脊顶的装饰工艺，大多是起到美化的作用。

在遮工艺当中，漆线雕是一种历史长、艺术价值真悬②的技艺。现在，厦门漆线雕技艺已经列入国家头批"非遗"之一。传统漆线雕的用途是装点佛像。在佛像顶，漆线雕主要运用衣饰，伊先着备好用手工搓成的粗幼无裯的柔

---

① 剪瓷粘[zian³zu²ziam¹]：闽南建筑中常见工艺。将碎瓷粘贴于屋檐泥塑上，呈现五彩缤纷的造型。

② 悬[guaiN²]：高。

软有弹性的漆线，了后紧猛去绁出层次丰富而且繁复的图案。因为伊的层次真丰富，在视觉顶就赢过刻甲描的效果。漆线突破平面的设计，真易做出若亲像浮雕的效果，而且一层一层，在光照下，真立体。传统漆线雕的另外一个特点是纯金箔的运用，这也甲佛教艺术性质有关系。自古以来，佛身较多是金身，就连在汉朝皇帝的梦中的形象也是安尼，千百年来拢是用金来装佛。对视觉的角度来讲，漆线雕配合金箔是真适配，堪称是天然的和谐！就算在真微弱的光线下也会产生无数幼细、耀眼的光点，若像是天顶的星閤款金光闪闪。

漆线雕对神佛的世界渐渐转向百姓的生活。1972年，咱国家的工艺美术拄拄①复苏，迄个时阵，原本是宗教艺术的漆线雕无法度适应社会的需求，怀过漆线雕本身的艺术潜力真大，无应该消失。一寡②漆线雕的工艺艺术家甲工匠就开始研究各种方法来为即个优秀的传统手工艺做发展、创新，厦门蔡氏的漆线雕就是其中的重要代表。蔡氏的漆线雕掠着漆线雕艺术的重要核心，佫将民间的故事、传说甲历史人物用来丰富漆线雕的内容，将原本干焦展示单体的造型发展到展示有情节的戏剧场面，对百姓来讲佫较合用，在艺术表现的方法、主题也佫较多。

---

①拄拄[du³du³]：刚刚。②一寡[zit⁸guaN³]：一些。

> 1. 闽南民间工艺从材质上分有哪些类型？
> 2. 为什么要对传统漆线雕的工艺进行改进？

趣味词语 曲目28

下列哪些日常用品属于厨房用品，请找出来。

棉绩被　茶钻　茶瓯　尿燥　粗纸　抿仔　雪文粉　椅坐

桌头灯　枕头囊　批纸　啡仔　铺枋　颉镜　电珠　衫仔枋

对话语法 曲目29

买礼品

店员：欢迎欢迎！想要买甚物家己拣哦。

陈兰：阿叔好！阮妈妈生日，我想要买礼物送
　　　伊，怀知影着送甚物较好势。

店员：买领巾你感觉安怎？

陈兰：有甚物款的，会当互我拣看眛无？

店员：你要即款真丝的，抑是即款人造丝的？
　　　拢真水。

陈兰：真丝是怀是真贵啊？

店员：生日礼物嘛，宁可多开钱，也着买较好的料，会当用真久。恁妈妈逐摆
　　　爻领巾的时阵就会想着伊有一个有孝的查某团。

陈兰：佫有别项互我参考的无？

56

店员：我想看映。人客来买礼物，怀是买领巾，着是买保温杯。

陈兰：保温杯真实用，麻烦你烝我看映咧。

句型——选择句

两个或两个以上的分句，分别说出两件或几件事，并且表示从中选择一件或几件，分句之间就构成了选择关系。在闽南话中常用以下关联词语来表示："是……抑是……""宁可……也……""怀是……着是……"

例句

你要即款真丝的，抑是即款人造丝的？

宁可加开钱，也着买较好料的。

怀是买领巾，着是买保温杯。

说说做做

在你身边找一找哪些器具、建筑应用了闽南传统工艺，说说这些工艺的特色。

单元互动拓展

闽南"歌仔"

"歌仔",就是用闽南话演唱、具有闽南音乐风格的歌谣。最早的"歌仔"诞生于闽南,如《点灯红》《嗦啰莲》,古朴又热烈,表现出闽南人热情、乐观的精神。后来,歌仔随着闽南人过台湾、下南洋,产生了"台湾歌仔""过番歌仔",如《思想起》《一只鸟仔》和《行船歌》。这些"歌仔"很快又传回闽南。

大约在 20 世纪初,台湾艺人在"台湾歌仔"的基础上创造出"七字调",产生了歌仔戏,并几乎在同一时期传播到闽南。闽南的艺人也参加到歌仔戏的创造中,唱出了"杂碎调",也传入台湾。这些歌仔戏的曲调曾风靡了台湾和闽南。

20 世纪 30 年代以后,台湾和闽南的音乐家学习了西方音乐,谱写出《望春风》等许多脍炙人口的闽南话创作歌谣。20 世纪 70 年代以后,台湾和闽南的音乐家学习西方现代流行音乐,谱写了《天乌乌》《爱拼才会赢》等现代闽南话流行歌曲。

实践分享

1. 闽南有丰富多彩的民俗文化。分成几个小组去查找相关资料,做成资料卡片,在课堂上分享。

2. 围绕民俗活动进行 3 分钟以上的闽南话演讲。可以展示照片、资料,重点说说自己亲身经历过的一些民俗活动。

讲古说今

民间文学来源于生活，以口耳相传的方式为人民群众所喜闻乐见。闽南的民间生活丰富多彩，孕育了各具特色的说唱故事：有凝聚智慧的俗语故事，有朗朗上口的叙事童谣，有富有趣味的方言讲古。它们讲古说今，演绎人生百态、世事变迁。

① 民间智慧炼俗语

闽南俗语蕴含着丰富多彩、寓意深刻的闽南文化，凝聚着历代闽南人的智慧和才能，传递着不同时代闽南人的心声，是民间文学的一颗璀璨明珠，更是中华文化宝库的精神财富之一。让我们一起来学习闽南俗语，了解俗语故事吧。

📖 来读 曲目③⓪

俗语故事——无某无猴

闽南话有一句俗语，叫作"无某无猴"。即个俗语是讲，一个人，某无去，甲伊相依为命的猴也无去，就是咱讲的"双头了"，伊甲普通话的"赔了夫人又折兵""人财两空"的意思相近。讲起即个俗语，野有一段故事。

话讲清朝尾，在咱闽南一个农村的一个寺庙，徛着一个穷赤①的读册人。伊为甚物会徛在庙里？这是因为伊原来家境无傕乏，爸母就生伊一个独生囝，所以从细着送伊读私塾，映望②后日会出头天，荣宗耀祖。真不幸，有一年，乡里着瘟疫，爸母着病煞死去，伊的囝生活无着落，四界流浪，最后，互即个寺庙住持收留。即个书生除了替寺庙抄写经文外，平时就刻苦读四书五经，想有一日通赴考得功名。即个后生家虽然穷，却饲一只猴仔。伊真疼即只猴仔，有时挂着家己只通拿着淡薄食物，伊宁愿家己腹肚枵③，也要先拿互猴仔食。人讲猴仔通人性，即只猴仔对主人也真忠心，日暝服侍伊，主仆相随无离。有一日，附近乡里有一位姓李的士绅，来到即个寺庙烧香跪拜添油，看见即个后生家一表人才，斯文别礼。伊则尼疼伊迄只猴仔，伊饲的迄只猴仔也真有灵

---

①穷赤[ging²ciah⁷]：贫穷。②映望[ng⁵bbong⁶]：盼望。③腹肚枵[bak⁷doo³iao¹]：肚子饿。

性，会晓随时托盘向人客献茶。李士绅过后佫几落摆来寺庙，逐摆拢看伊则尼刻苦读册，对猴仔则尼有疼心，真是才高德贤，将来一定是前途无量。伊佫想，若有通将家己唯一独生的查某囝嫁互伊，定着会真放心。士绅将伊的想法甲即个后生家讲。后生家听了，自然是十分欢喜。半月日来，即个后生家每想起即项代志，心里着真欢喜也真激动。想着士绅对伊则尼仔好，要怎样来报答伊呢？有咯有咯！迄一日，即个后生家去找寺庙的住持，甲伊借了一瓮的老酒，佫将伊心爱的迄只猴仔刣咯，炖①一壶猴肉羹，要拿去互士绅個兜，作为见面礼。李士绅看见未来的囝婿登门，当然是十分的欢喜咯。入门了后，李士绅看见伊无带迄只猴仔来，就真奇怪，随问书生。书生将代志对头到尾讲互士绅听，然后恭恭敬敬将带来的老酒甲猴肉羹捧到桌顶下咧。伊正咧等未来的丈人甲伊阿咾一番的时阵，无想到，李士绅忽然间揭起正手，非常受气，出力向桌顶拍落去，大声哈喝："你这无情无义的小囝！来人，将即个小囝甲我拍赶出去！"原来，李士绅看着即个后生家，将伊家己心爱的猴仔刣去，就想着伊是一个见利忘义的人，我若将查某囝嫁互伊，将来伊若为着升官发财，抑是甚物利益，也会出卖抑是背叛我的查某囝，千万呣用甲即款人交插②，所以就气勃勃③甲伊赶出去。即个可怜的后生家，失去一个某，佫损失一只猴，只好两手空空，垂头丧气，家己一个倒去寺庙。后来，逐个就用"无某无猴"即个俗语，来说明做代志无斟酌好势，一失误造成"无某无猴"双头落空或惨重损失的结局。

①炖[dim⁶]：食物放在容器里，隔水加盖蒸煮。②交插[gao¹cap⁷]：交际来往。③气勃勃[ki⁵put⁸put⁸]：气呼呼。

【思考讨论】

1. 后生家杀了心爱的猴做肉羹孝敬老丈人吃，老丈人为什么反而非常生气呢？
2. "无某无猴"这句俗语用来形容什么？

趣味词语 曲目③

念一念下面的闽南俗语，体会它们的喻义。

枵饱吵	褒啰嗦	大细目	锤损铁	咸挂涩
盐到鲑臭	风声谤影	揭香跟拜	软涂深掘	刣鸡教猴

对话语法 曲目③

找物件

小弟：阿姊，你有看着我的数学册无？

阿姊：无看着，你确定有收在厝里？

小弟：无在我的册包里，应该在厝里吧。若
是无在客厅，都是在睏房，你拢帮我
找看眛。我赶紧要去上课。

阿姊：你是等一下上课要用的？万一找无，是
会安怎？

小弟：诚实找无，也赡要紧啦。

阿姊：我感觉就是找着啊，也赡赴送去学堂互你。

小弟：佫有45分钟则是数学课啦。咱兜到学堂干焦5分钟。拜托啦！

阿姊：找着啊，在茶桌顶。我现共你送去。

句型——假设句

假定一种情况，陈述在这种假定情况下所产生的后果或提出问题。在闽南话中，表示假设复句的句式有："若是……就……""万一……就……"。

例句

若是无在客厅，都在睏房。

万一找无，是会安怎？

就是找着啊，也赡赴送去学堂互你。

📖 **说说做做**

你还知道哪些闽南俗语和俗语故事，试着用闽南话说给同学听一听。

② 闽南童谣趣味多

闽南童谣，是以闽南方言进行创作和传唱的儿童歌谣。它流行于闽南、台湾和东南亚华侨华裔的居住地，是百姓集体创作的智慧结晶。闽南童谣内容丰富多彩，充满童趣，又能在潜移默化中增长知识、受到教育。

📖 来读 曲目33

闽南童谣数则

月光光，秀才郎

月光光，
秀才郎，
骑白马，
过南塘，
南塘舱得过，
掠①猫来戴髻②，
戴髻戴舱着，
磨刀石。

---

① 掠[liah⁸]：抓。②髻[ge⁵]：发髻。

一粒龙眼圆佫圆

一粒龙眼圆佫圆，
外头杏黄里头甜。
有爸有母甜如蜜，
无爸无母苦黄连。

掠蚌对目珠

掠蚌对目珠，
掠虾对虾须，
掠鳗对尾溜，
揭锄头，掘涂溜③。

【思考讨论】

1. 《月光光，秀才郎》为我们描绘了一幅什么样的画面？

2. 《一粒龙眼圆佫圆》用"龙眼"和"黄连"比喻什么？

3. 《掠蚌对目珠》告诉了我们什么道理？

4. 这三首童谣分别押什么韵？

---

①涂溜[too²liu¹]：泥鳅，一种鱼，身体圆柱形，尾端偏扁，鳞小，有粘液，背部黑色，有斑点。

📋 趣味词语 🎵目34

下列图中表示的是什么动作，请选出来。

- ☐ 陷眠
- ☐ 哈唏
- ☐ 乩龟
- ☐ 映望

- ☐ 滕酒
- ☐ 食薰
- ☐ 搵醋
- ☐ 啉茶

- ☐ 预扑克
- ☐ 变弄
- ☐ 镇带
- ☐ 拨工

- ☐ 搞喙酺
- ☐ 捻喙须
- ☐ 拍噗仔
- ☐ 嘈嘈念

- ☐ 蛲痒
- ☐ 韄笑科
- ☐ 风龟
- ☐ 冤家

- ☐ 徛位
- ☐ 舒棉绩被
- ☐ 下物件
- ☐ 搬砵

💬 对话语法 🎵目35

<h3 style="text-align:center">考试</h3>

爸爸：你今仔日是怀是考试？

小明：早起考语文，下晡考数学。

爸爸：好考抑歹考？

66

小明：verb歹考，怀过我verb记带手表仔看时间，
　　　作文无剩甚物时间写，字写甲真歹看。
爸爸：家己感觉会比顶摆的考试考较好verb？
小明：差无多啦。可能也是差不多80几分。
爸爸：重要的怀是分数，是知影家己倒一位
　　　做了无好，下摆就会佫较好。

句型——比较句

比较句用来比较不同人或事物在性状、程度上的差别。闽南话中常用句式"甲+（无）较（比）+形容词+乙"或者"甲+（无）形容词+乙"的句式表示差异的比较，如：我无比伊较悬。当比较的对象差异不大时，闽南话中常用"平平"放在形容词前做修饰，相当于普通话的"一样""同样"。

例句
下摆就会佫较好。
我甲小弟平平悬。
我大伊三岁。

📖 **说说做做**

在班级里念一念你喜欢的闽南童谣，用闽南话告诉大家这首童谣讲述了什么内容，为什么你喜欢它。

③ 讲古说今意味长

闽南方言讲古，又称闽南方言说书。它运用闽南方言特有的韵律、谚语、俗话、掌故、歌谣等谈古论今，可谓一言道尽天下事，数语描出世间容，是闽南人喜闻乐见的一种说唱艺术形式。听众可以在生动有趣的故事中，了解历史知识、风俗习惯和地方掌故等。

📖 来读 曲目36

方言讲古——吴夲虎喙拔银钗

话讲吴夲有一日去深山里的一个乡里探看一位病人了后，天色已暗，伊清采①叭②几喙饭，就甲伊的师仔李东昌，趁着殕殕③的月光，透暝拼倒去。当两个行在弯弯碗碗④的山岭小路时，看见头前无偌远的山崎角边，闪着两盏绿色的灯。吴夲因为头跔跔⑤顾咧赶路，头壳里野咧想挂则迄个病人的代志，无甚物在意。愈行倚，迄两盏绿灯愈近。即时，师仔李东昌忽然揪着吴夲的衫角大声喝起来："惨咯！师父，虎！"吴夲互伊喝一下规个人若像惊醒迄款，目珠随展金金⑥看头前。有影都着，诚实是一只花斑的大虎，喙开甲面桶赫大，正向個行过来。李东昌看师父无要无紧，然徛咧看，就一边大声讲："师父，紧走！"一边伸手捎個师父的手，大力甲伊拖咧行。

"慢者！"吴夲倒退两步后，现用另一支手将李东昌搦着："你看迄只虎！"原来，迄只虎向個行无两步，现煞跪落来，无俗行动啦。

---

①清采[cin⁵cai³]：随便。②叭[be¹]：巴拉吃（饭），形容吃饭的动作匆忙。③殕殕[pu³pu³]：朦胧不清晰。文中指月色朦胧。④弯弯碗碗[uan¹uan¹kiao¹kiao¹]：弯弯曲曲。⑤头跔跔[tao²cih⁷cih⁷]：低着头。⑥金金[gim¹gim¹]：形容凝望的样子。

李东昌斡头看，真怪奇，花斑虎确实双骹跪落地，野不时点头，像是咧哀求甚物。

吴夲顺势向头前伐几步，详细共伊看映，对徛在边仔搦搦掣①的师仔东昌讲："你看虎喙口开垳垳②，里面若亲像有甚物物件囥款，佫会闪一下闪一下发光。"

李东昌踮骹尖看，诚实虎喙里有咧闪光，虎照原跪咧一直揢头。

"行，来去虎面头前看映。"吴夲揪着东昌的手要向头前行。

"我苦，师父啊！虎生成是会咬人的。千万怀通行倚啊！"东昌话讲甲咬舌佫起掉，硬死将师父搦恒恒，怀互伊行过去。

吴夲看东昌惊甲迄款，就那笑那安慰："怀免惊啦。人讲牲牲③有时吗会通人性。你看即只虎喙开甲赫大个，佫一直向咱揢头，我看定着是有甚物物件咧求咱。赊要紧，咱行来去共伊看映。"

东昌规个心是仆仆冲甲要跳出来，面是惊甲无血色，两支骹若亲像筛仔④咧筛米囥款，怀过怀敢佫挂个师父，只好跟在吴夲的后壁行去。

再讲吴夲行到了虎的身边，看见虎的两蕊目珠膏出一港目屎来。伊随揢落身，即站时，伊看清楚虎喙里迄个闪闪发光的物件，原来是一丛银钗。着是即丛银钗卡在虎的咙喉腔里，互即只花斑虎的喙撑开开，无法通合起来，诚实是痛苦甲赊晓通讲。

吴夲轻轻摸花斑虎的头壳，是要叫伊乖乖怀通振动⑤。吴夲斡头叫师仔东昌对背包里拿一粒药丸来，伊将药丸放入虎喙里，然后将手伸入去虎喙腔，用力将卡在虎喙里迄丛银钗拔出来。即辄⑥，花斑虎现感觉规身禈⑦轻松起来，连连揢头向吴夲表示感谢。

原来，即只花斑虎是在今仔日黄昏暗出来咧讨食，看见有两个妇人人路过山林，就随狝过去，开喙对其中一个妇人人的头壳咬落去。无想到即个妇人人，头一勼，花斑虎无咬着伊的头，煞将即个妇人人插在头壳后的银钗咬落去。也真挂好，即个银钗煞卡踮花斑虎的咙喉腔，互伊的喙若要合，现互银钗

---

①搦搦掣[lak⁸lak⁸cuah⁷]：形容害怕的样子。②开垳垳[kui¹haN⁶haN⁶]：大开着。③牲牲[zing¹siN¹]：牲畜。④筛仔[tai¹a]：筛子。筛仔咧筛米：筛子在筛米粒那样摇晃不停。⑤振动[din³dang⁶]：动。⑥即辄[zit⁷diap⁸]：这会儿，现在。⑦禈[ziao²]：全，都。

针凿着咙喉痛甲半小死，所以喙只会用开坼坼而怀敢合。当伊头挂仔看见吴夲甲伊的师仔行过来的时阵，知影"妙道真人"吴夲是神医，就跪落来求伊医治。现在，吴夲共伊拔起来，赫徐输救伊一条命，你讲，花斑虎较加吗着共伊叩头表感谢，连连措头徐煞。

人讲虎也知知恩报恩。花斑虎即站时现蹈起来，行到吴夲两个人的头前，共两个护送路。行无淡薄久，花斑虎就停落来，两蕊目珠对头前直直看。发生甚物代志啊？原来，在头前无偌远的所在，有两只狼，跍在路边，舌仔吐甲真长，看起来是枵狖狖^①咧找食物。花斑虎相精精^②，吼一声若雷的，噗一下煞冲过去。两只狼见着虎，走甲离裤骹，觅甲无影无迹。

花斑虎将吴夲两个护送到厝，就斡倒去树林里。从即起了后，凡若是吴夲外出共人看病，抑是上深山挽草药，即只花斑虎定定跟牢牢，保护吴夲个徐受到野兽，抑是其他方面的伤害。这正是：

"妙道真人"吴夲，

医术高，医德好。

敢在虎喙拔银钗，

老虎知恩会晓报。

---

①枵狖狖[iao¹saN²saN²]：饿得受不了。②相精精[siong⁵zing¹zing¹]：看得准准的。

【思考讨论】

1. 吴本为何受到百姓爱戴?
2. 用闽南话流畅地复述这个故事。

趣味词语 曲目37

念一念下列与医疗、疾病有关的闽南话词语。

着痧	实鼻	冲鼻	瘄瓦瓦	目箍乌	红肿	上火
艰苦	寒着	针灸	无精采	酸痛	秘结	方头
膏药	药饼	颟涔	乌暗眩	臭耳聋		

对话语法 曲目38

看病

陈兰爸爸:势早势早! 真久无看着你啦。身躯无爽?

小明爸爸:我也真久无挂着你啦。我昨日伓知食着甚物,规暝腹肚痛,落几落摆。

陈兰爸爸:看来是胃肠炎,紧去挂号。着挂肠道门诊。

小明爸爸:我已经有看过先生咯,现在要去拿药仔。

药 剂 师:即款药粉拿倒去将伊泡水啉,一日食三摆。

取药处

小明阿公：你倒落艰苦？规个人拢无精采。

陈兰阿妈：即两日嗳齿痛，痛甲饣食饣睏咧，人瘟瘟。

小明阿公：即间医馆的齿科真有名，来看嗳齿的人真多，紧去挂号。记咧挂专家门诊。

陈兰阿妈：啊你咧，你为甚物来医馆？

小明阿公：我规身酸痛，伓知影挂倒一科？

陈兰阿妈：是寒着引起的酸痛，挂内科；是风湿的酸痛，挂中医内科、针灸科拢会用的。

小明阿公：好好。我看现在少年都在网上预约挂号，咱得跟上时代啊！

陈兰阿妈：来，我教你。你现在将医保卡插在即台电脑顶，也会预约。

句型——处置句

处置，就是对受事施加某种影响并造成某种后果。普通话中常用介词"把"把需要强调的宾语提到谓语动词前，表示对宾语的一种处置。闽南话中常用"将""共"来表示这种意思。如，"将门开起来""我共你讲"。

例句

将伊泡水咻。

我共你教。

将医保卡插在即台电脑顶。

闽南民间有许多传说故事。在班级设置一个小小"讲古场"，每个人轮流来当"讲古仙"，说一说各自喜欢的故事。

单元互动拓展

闽南对联

对联也叫"联对"，是一种融语言、文学和书法为一体的综合艺术。对联以小见大，涵义深广，概括凝练，常以妙笔生花、精巧风趣、使人浮想联翩、好读易记为特色，为广大群众所喜闻乐见。下面介绍几位闽南人写的对联。

传说明代惠安人张岳写的一副春联是家喻户晓，直到今日也为众人所用：天增岁月人增寿，春满乾坤福满堂。

明代抗倭名将、泉州人俞大猷，在某中秋夜应对友人邓诚出句的对句，也相当妙绝：半夜三更半（邓诚出句），中秋八月中（俞大猷对句）。这里，对句和出句词性相同，结构相似，平仄相对，而且切合时令。

民间认为泉州洛阳桥为泉州太守蔡襄所建，清同治泉州人黄贻楫曾撰名联：架桥天地老，留笔鬼神惊。上联赞誉蔡襄建桥功绩，下联高度评价他的书法艺术成就。

将人名、地名、事物名等分别嵌在上下联的首字，叫冠头联，也叫鹤顶格、丹顶格。比如，泉州草庵寺是我国摩尼教仅存的遗址。据草庵原存石碑记载，摩尼教在宋代传入泉州。弘一法师 1936 年为该寺题冠头联：草菴不除，便觉眼前生意满；庵门常掩，毋忘世上苦人多。作者非触景生悲，却从庵前的丰草，看到万物勃勃的生机，下联"毋忘世上苦人多"，更显出他高尚的情操。

明朝同安人许獬，从小就有神童之称。他十分擅长对对联。有一次，私塾先生出对让学生对。上联是：瓶插花，花插瓶，瓶破落花流水。许獬很快就对出下联：铳入药，药入铳，铳浓烟散雾。还有一次，私塾先生出了上联：东鼓楼，西鼓楼，南鼓楼，北鼓楼，东西南北四鼓楼。学生们想了好久，无一答出。而恰好归来的许狮看见墙上挂的上联，立刻念出下联：孔夫子，孟夫子，朱夫子，程夫子，孔孟朱程四夫子。私塾先生立刻伸出大拇指夸赞许狮。

民间更有以象声词来作对联的。同安民间曾有一联如下：若无当年乞涸日涸剧，哪有今日乃宰七宰嚓。"乞涸日涸剧"是铁钉木板、铁板等敲击的声音，喻指当年是一个铁匠木匠或水泥匠，从事修理、制作或建筑工作等苦差事；"乃宰七宰嚓"是敲锣拍鼓的声音，喻指如今中进士状元或当官发财，荣宗耀祖，人们用来祝贺庆祝的热闹场面和气氛。用象声词来组对，更加诙谐有趣，也不会减少它的深刻含义。

闽南话顺口溜

闽南话顺口溜，一般以"四句念"的形式表现。"四句念"就是写四句有押韵的话。"四句念"有五字句的，即每句五字，四句二十字；有七字句的，即每句七字，四句二十八字。当然，也有少数的顺口溜每句超过七字的，而且有长短句，句式不是十分整齐。顺口溜的四句，可以句句押韵，至少得二、四句押韵，也有一、二、四句押韵或二、三、四句押韵的。

顺口溜常是百姓脱口而出的"四句念"，可以表现现实生活的方方面面。这里举其中几个方面的顺口溜。例如祝贺婚礼的：

梳头梳一起，红凉伞、金交椅；

梳头梳一完，生囝传孙做状元；

梳头梳一双，生囝传孙做相公；

梳头梳一对，千年姻缘万年富贵。

双骹踏入来，交椅两爿排，新娘是天使，囝婿状元才。

卖水果推销产品的：

杨梅真便宜，一斤五占钱，要买着紧来，佾买着无时。

路边耍杂技卖药的：

拳头要会，在咱本地；

功夫要好，在咱本岛。

小弟则初学，功夫淡薄薄。

今仔日关帝爷前舞关刀，拿出来逐个做参考。

有好恁列位汰阿咾，有错请在座父老加指导。

实践分享

1. 分小组，在课后搜集闽南民间故事或俗语故事等。看哪个小组搜集得最多、最精彩。然后在班上选出几个最好的故事，进行闽南话讲故事比赛。

2. 在老师的指导下，试着学写童谣，注意写出童谣的韵律感。

历史先贤

　　闽南历史文化悠久，生活在这块土地上的先贤们，为后人创造了灿烂的文化。闽南的先祖是如何来到这方热土的？你知道哪些优秀的闽南先贤？闽南华侨是如何爱国爱乡的？一起来探索闽南先贤之道。

① 闽南人的起源

中国历史上魏晋、南北朝时期，由于战乱、内乱和北方民族入侵等多种原因，中原汉人开始南迁而入闽，并在闽南地区扎根、成长。唐初，为平定漳潮间的骚乱，北方中原汉人再次大规模入闽，平定叛乱后，建立了漳洲，促进并加快了闽南地区的开发和发展。

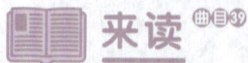

来读 曲目39

开闽王的故事

2017 年 10 月，一年一度的"开闽王民俗文化节"在同安北辰山举办，在锣鼓声中，闽南的百姓共同缅怀开闽王的丰功伟业。怀但在闽南，在规个福建，开闽王王审知拢真受尊敬，伊的传奇故事互世人代代相传。

中国人安土重迁，无特殊的原因赊离开家乡去真远的所在。唐朝尾期，中原的光州、寿州移民大批进入福建地区，甲当时的形势有关。迄个时阵，黄巢起义挂则结束，在中原地区，大细军阀厮杀火拼，各地战火连连，百姓的生活水深火热。

在遮军阀当中，蔡州节度使秦宗权上恶霸、最凶残，人讲伊是"车载盐尸以充军粮"，就是盐人肉来做军粮，非常残忍。有一摆，秦宗权向光州刺史王绪来敲剥①兵员粮草。王绪无法度提供，秦宗权就会调动军队来拍光州。听讲刣人魔王要来啊，王绪干脆耗五千兵马驱赶光州、寿州的百姓渡江南下。

王绪渡江了后，转战江西各地，到光启元年（公元 885 年）进入福建。当时福建的汀州、漳州山路歹行，无甚物百姓待，也无甚物粮食通食，王绪的部

---

①敲剥[kao¹bak⁷]：盘剥。

队又施行伊的抢夺政策，当地百姓拢惊甲四界觊，王绪的部队无粮通食，陷在漳州即爿，拄到真大的困难。面临即款形势，王绪竟然发布一条严酷的军令：怀准带老弱病残的家属，违令的斩杀！想要用即款方法来加紧行军的速度。在王绪的农民军当中，有固始县的王姓兄弟三人，为人正直，武艺高强。個真有孝老母，哪会堪①忍受迄种大逆不道②的代志，就偷偷将老母园在军队当中。即件代志互王绪知影啊，就一直找空找缝来惩罚王姓三兄弟。三兄弟忍无可忍便发动兵变，其他士兵也真扎气③。最后，個就在同安北辰山发动了兵变。

王家三兄弟带领农民军拍到泉州，在迄④安顿百姓，开荒种作⑤，后来佫攻占福州，在福州建立闽国。三兄弟当中最细的王审知少年飘撇⑥，作战勇猛，因为伊定定坐一只白马，互百姓送一个雅号叫"白马三郎"。王审知后来封做闽王。伊重视百姓，鼓励开荒种作，发展文化，甚至推动海上对外的贸易，互福建地区得到真大的发展。

---

①哪会堪[na³e⁶kam¹]　②大逆不道[dai⁶ggik⁸but⁷do⁶]　③扎气[zah⁷kui⁵]：讲义气。④迄[hia²]：那里。⑤开荒种作[kui¹hng²zing⁵zoh⁷]　⑥飘撇[piao¹piat⁷]：英俊帅气。

【思考讨论】

1. 王姓三兄弟为何忍无可忍发动兵变？
2. 王审知为闽地做出了哪些贡献？

趣味词语 曲目40

观察下列代表心理活动的词语，说一说为什么闽南话常把"神"字用在形容词中来表示心理。

鬱卒　　　尧疑　　　欶神　　　欣慕　　　乔苦

癀神　　　苦切　　　爽神　　　畅

对话语法 曲目41

谈计划

陈兰：你为甚物拄啊者拢怀讲话？你应该怀是
　　　秘四的人啊。

思琪：我感冒咙喉痛几落日咯，今仔日拄啊会
　　　讲话，讲几句就佫真痛。

陈兰：你着好好歇眠。若安尼下礼拜你会当去
　　　参加演讲比赛𣍐？

思琪：我是拍算叫俊伟替我去啦，若是伊无法
　　　度，我就家己去。佫有几落日，
　　　应该会较好。

陈兰：我佫拍算明仔日下晡放暇以后，斗阵来练习。

思琪：我先问俊伟一下。看来你即摆是拍算得头名，我𣍐使害你落气。

80

句型——"会呣"字句

闽南话中常用"会"字做能愿动词，相当于普通话的"能"，类似的闽南话还可用"会当""会晓""会用"表示。表示"不能"，在闽南话中常用"呣会""呣会使""呣会晓""呣会当"。

例句

我感冒咙喉痛几落日咯，今仔日拄会讲话。

俗有几落日，应该会较好。

看来你即摆是拍算得头名，我呣会使害你落气。

📖 **说说做做**

你了解关于自己家族或姓氏的故事吗？试着用闽南话写出来，并讲给同学们听一听。

② 古代先贤的故事

闽南地区，山水聚秀，先贤辈出。苏颂、吴本、黄道周、郑成功、陈化成……闽南先贤们用自己的丰功伟绩书写了闽南风范。让我们一起读一读先贤的故事，学习先贤的优秀品格。

来读 曲目42

苏颂

苏颂，字子容，同安县人。1020年出世，1101年过身，伊中进士，做过江宁知县，也做过颖州、黎州、杭州、濠州、扬州的知州，佫先后在朝廷任太常博士、校正医书官、知制诰、刑部尚书、尚书右仆射兼中书侍郎。

苏颂博学多才，为官清正。但伊在科学技术上的成就，反倒转赢过伊的政绩。伊编著的《本草图经》21卷，收药图933幅，图文相合，利于辨认，引用社会科学合自然科学著作200外种，记载常用单方①1000外首，为辨认合应用药物提供了有益的资料，集历代药物学著作甲中国药物普查之大成，全面继承了宋以前的医药成就，对后世医药学的发展产生了真大的影响，具有承前启后的作用。《本草图经》怀单纯是药方方面的内容，野兼容了动物学、植物学、物候学、矿物学、冶金学以及物理、化学等自然科学的内容，佫涉及到哲学、经学、史学、文字学、训诂学、民俗学以及宗教等社会科学的内容。《本草图经》是药物史上的杰作，是世界药物史上的壮举，领先欧洲400外年。明代著名医学大师李时珍对《本草图经》的科学价值有过真悬的评价，伊所写的《本草纲目》，就有74个所在引用了《本草图经》的内容。

---

①单方[dan¹hong¹]

苏颂是世界顶最早的天文钟、近代钟表关键部件的创始人。伊的另一个重要的贡献，是复制水运仪象台。仪象台用水力运转，将天象观察、演示甲报时三种功能集中在即个仪象台，即个发明创造，比欧洲的罗伯特·胡克早6个世纪。苏颂写出《新仪象法要》3卷，详细介绍了水运仪象台的设计甲使用方法，绘制了我国现存最早最完备的机械设计图，附星图63种，记录恒星①1434粒，比300年后西欧星图记录的星数，野加442粒。英国科学家李约瑟博士，将《新仪象法要》译成英文在国外发行，阿咾②苏颂是中国古代甲中世纪最伟大的博物学家甲科学家之一。

【思考讨论】

　　1. 苏颂的主要贡献有哪些?

　　2. 英国科学家李约瑟为什么会称颂苏颂?

───────────────

①恒星[hing²sing¹]　②阿咾[o¹lo³]：赞美。

念一念下列特殊三字格词语，想想你还知道哪些闽南话特殊三字格词语。

被铺席　　　鼻目喉　　　乌焦瘤　　　老古旧　　　捶损拍　　　差使教

对话语法 曲目44

结算

妈妈：阿嫂，赤肉一斤偌多钱？

大婶：早起开市十一箍半，即阵要收市啊，十箍银。

妈妈：算较俗的啦，我今仔日伓但要买赤肉，野佫要买肉骨甲猪骸。

大婶：你今仔日晏来啊啦。肉骨、猪骸卖了咯。要收摊我已经是俗俗啊卖，佫较讲你是老顾客。

妈妈：即块赤肉，你秤看眛，着偌多钱？

大婶：两斤六，挂好二十六箍。

妈妈：一百箍互你找。

大婶：找你七十四箍，你算看着伓？

妈妈：好势。倒落有咧卖豆菜你知影伓？

大婶：对面就有，斡弯过去佫较多。对遮行到卖鱼的遐，斡过去是一间卖豆干豆腐的，個兜豆菜较好食。

句型——递进句

递进句一般由两个或两个以上的分句相连，后面分句所表示的意思比前面分句更进一层。分句之间的顺序固定，不能随意变动。在闽南话中常用的关联词语有："毋但……佫有/野佫要……""佫较……"。

例句

我今仔日毋但要买赤肉，野佫要买肉骨甲猪骹。

要收摊我已经是俗俗卖啊，佫较讲你是老顾客。

对面就有，斡弯过去佫较多。

说说做做

读下面一段苏颂家训，说一说自己的感想。

感事述怀五言百韵以代家训（节选）

念昔多艰勤，诲尔宜悱愤。见贤弓在彀，遇事骎从靳。高门训序畏，刊腹摩兜慎。美璞不雕琢，安得怀瑜瑾？学问不沾洽，何由垂望闻。操守不坚纯，久必成缁磷。进修欲及时，行为要无闷。蜗庐庇风雨，稷田助饔饩。出处虽殊途，丰约已过分。考室俟构堂，肥家在忍顺。常使唐棣荣，无致荆枝忿。中遭须自防，外诱不可徇。惧尔志悠悠，故吾言谆谆。力行傥不渝，家声期远振。

③ 华侨精神放光芒

唐宋以来，滨海而居的闽南人沿着海路贸易，一批又一批闽南人随着"海上丝绸之路"到东南亚谋生拼搏。千百年来，这些闽南华侨虽漂洋过海，却始终心系故土、爱国爱乡。闽南华侨在海外奋斗支持家乡建设的传统一直延续至今。

📖 来读 曲目45

"华侨旗帜" 陈嘉庚

陈嘉庚1874年出世在同安集美社。少年着出洋去新加坡，跟老爸做生理。伊在遘种王梨、加工橡奶、办工厂，趁甲真多钱，是一位成功的工商业家。

陈嘉庚从无到有，自强不息，艰苦创业。伊切身体会着教育的重要性，无时不刻映望"教育救国"，先在祖家集美兴办学堂，了后佫办了厦门大学。为了将遮学堂一直办落去，就算是经济最困难的时阵，陈嘉庚甘愿出卖家己的"大厦"，也要维持厦门大学甲集美学校。伊讲："宁可变卖大厦，也着支持厦大。"根据统计，陈嘉庚用在兴办学堂的资金超过1亿美元，差不多是伊的全部家产。

陈嘉庚富了后，伊无去敆记苦难中的祖国，伊立志要"尽国民一分子之天职"，后来加入同盟会、资助孙中山从事革命活动。抗战时期，陈嘉庚联络南洋各地华侨成立"南洋华侨筹赈祖国难民总会"（简称"南侨总会"），担任主席，佫组织"新加坡华侨抗敌后援会"，担任会长，发动、组织华侨为祖国抗日捐钱捐物，组织200外位华侨汽车司机甲修理工回国服务，在新开辟的滇缅公路抢运中国抗战所急需的战略物资。陈嘉庚佫以国民参政员的身份，向重庆国民参政会提出"在敌寇未退出国土以前，公务人员任何人谈和平条件者，当以汉奸国贼论"的提案，痛击汪精卫妥协投降势力的卖国谬论，轰动一时，并传为美谈。1940年，伊野佫组织南洋华侨回国慰劳团访问重庆、延安等地，发表演讲，阿咾中共领导的陕甘宁边区的新气象，认为"中国的希望在延安"。

1941年太平洋战争爆发、日军南侵，陈嘉庚以年近七十之身，被迫隐居在印尼玛琅一个学生的家里。为防落入日寇魔爪，伊定定随身带着一粒氰化钾备用，坦然自若讲："人生自古谁无死！万一不幸被捕，敌人必强我做傀儡①，替讲好话，我决不从！迄时一死以谢国家，有甚物不得了！"铁骨强汉，令人敬仰！

【思考讨论】

1.为什么说陈嘉庚是教育家？

2.简单说一说陈嘉庚是如何爱国爱乡的。

趣味词语 曲目46

选词填空，学习用闽南话说称呼称谓。

阿舅　阿叔　阿伯　　　孙新妇　查某孙　外甥女

1. 妈妈的亲小弟，着叫伊_____，我是伊的_____。

查某团仔　橄榄孙

2. 阿妈有4个孙仔，3个是丈夫团仔，只有我一个是_____。

先生　后生

3. 阮_____今年16岁咯，是头一摆出国旅行，感觉真欢喜。

_____

①傀儡[kui³lui³（ga¹le³）]

对话语法 🎵47

谈论家庭生活

俊伟：恁厝则尼大，是几个人斗阵徛？

一鸣：阮兜是大家族哦。阮阿伯個兜 4 个人，阮兜 3 个人，佫有阮阿姑、阿公、阿妈，有 10 个哦。

俊伟：哇，安尼真闹热哦。

一鸣：是啊，阮阿妈一直讲互阮遮细汉的吵甲头痛。

俊伟：则尼多人，有倩人来斗煮食无？

一鸣：无啊。阮阿姆、阿姑甲我阿母轮流来煮食、摒扫。涂骹逐日拢互個摒甲清气溜溜。

俊伟：则尼多人斗阵迌迌，真欣羡你。

一鸣：阮隔腹小弟挂挂会晓走，真古锥。我逐日嘛互伊执咧走。

句型——"互"字句

主动句的主语是动作的发出者，被动句的主语是动作的承受者。在闽南话中常将"互"这个字用在被动句中表示普通话中的"被"字，如"互我掠着""互人拿走"。

> **例句**
> 阮阿妈一直讲，互阮遮细汉的吵甲头痛。
> 涂骹逐日拢互個摒甲清气溜溜。
> 我逐日嘛互伊执咧走。

说说做做

读一读陈嘉庚等闽南爱国华侨的故事，说一说他们为什么就算牺牲个人利益也要建设家乡和祖国。

88

单元互动拓展

闽南文化的核心精神

要理解闽南文化的核心精神，必须先理解文化的含义。文化是什么？ 在中国古代典籍中，"文"的定义是纹理，引申为包括语言文字在内的多种象征符号，如文物典籍、礼乐制度等等；而纹理又具有加工、修饰的含义，进一步衍为美、 善、文德教化以及文辞、文章等。"化" 的定义有变化、造化、化育等含义，引申为教行、 迁善、化而成之。"文"和"化"的连用较早见于《易经》："观乎天文，以察时变；观乎人文，以化成天下。"可见"以文教化"是中国传统"文化"的基本含义，蕴含着"以文化人""以文育人"的教化意义，教化子孙后代应做什么样的人。

闽南方言与文化进校园，不仅是让我们学会说闽南话，会唱一些闽南歌谣，更重要的是，帮助我们了解先人所创造的闽南文化，理解先祖对子孙后人的要求，从而思考我们要成为一个什么样的人。学做人，是闽南文化进校园的首要任务。

那么，我们应当成为什么样的人呢？闽南文化的核心精神来源于中华传统美德。闽南的传统美德，如感恩敬畏、悲悯宽容、以德报怨、为善最乐和开拓开放，正是闽南文化的核心精神，蕴含着丰富的思想道德资源。培育和弘扬社会主义核心价值观，必须立足中华优秀传统文化。作为闽南人，我们应认真学习这些闽南传统美德，并代代传承，教化子孙，德养后人。

实践分享

1．本单元讲了 3 个闽南先贤的故事，请收集更多的闽南历史先贤的故事，试着用闽南话简要写一两个小故事。

2．利用假期到厦门大学和集美学村参观，亲身体会陈嘉庚先生致力于教育的爱国精神。

海上篷影

闽南地区有悠久的海上贸易史。你是否了解闽南人的海上生活：闽南人为何会对大自然产生感恩敬畏之情？闽南人为什么会产生妈祖信仰？漂洋过海的闽南人又是如何与亲人联系的？让我们一起领略闽南独特的海洋文化吧！

① 讨海人的精神

闲南地处亚热带季风气候地区，水旱灾害、台风海啸多发，在威力无比的大自然面前，闲南人渐渐形成了敬畏自然、感恩自然的地域文化。严酷的自然环境和天然临海优势，使得闲南人走向"以海为田、赁海为市"的经济生活。"田"之所指并非单指农业，也包括海洋交通、海洋捕捞和海洋贸易。海洋的风涛之险锻造了闲南人"爱拼敢赢"的开拓特质，培育了他们不屈服于自然、勇敢与大海搏斗的坚强精神，同时也成就了讨海人那一颗敬畏天地、感恩自然的心。

来读 曲目48

感恩敬畏

闲南传统美德是一本无字的天书。伊集中体现在闲南的民俗之中，通过岁时节俗、人生礼俗的仪式化活动甲口口相传的俗语谚语，代代传承。

闲南文化传承了中华文化"天人合一"的理念，对大自然充满了感恩甲敬畏。正月初九，着炊粿印龟"敬天公"，逐月日的初二、十六，着祭祀①土地公。因为咱所有食的柚、麦、果子、蔬菜，所有穿的棉、麻、皮毛，拢来自骸下的土地。咱徛在即块土地顶，有甚物理由怀感恩伊呢，怀敬畏伊呢？中华民族对土地的崇拜，已有五千年的历史，但并无过时。联合国教科文组织确定每年4月22号"世界地球日"，口号是"人类只有一个地球"。感恩土地，感恩自然，正成做普世的理念。

闲南本是瘴疠之地，瘟疫丛生。保生大帝吴夲是宋代同安民间医生，救治

———————————

①祭祀[ze⁵su⁶]

了无数百姓。57岁时伊上山挽草药，跋落崖山的深坑，以身殉职。

妈祖是宋代莆田的渔家女，从细学习观天象、观海象的知识，挽救了真多掠渔、行船人的性命。伊终身无嫁，真年轻就过身。

個就是迄个时代的雷锋，为人民做了真多好事。闽南的百姓将個奉为神仙，代代祭祀個。一是要后代以個为榜样，为百姓做好事；二是要后人世世代代永远感恩，啉水怀通盦记得捣井的人。在景仰伟大先贤的祭祀中，互家己化育一个感恩的心。

感恩是一个人最重要的品德。一个人能力有大小，成就有悬下，但只要有一个感恩的心，伊就是一个好人，一个善良的人。

"食果子，拜树头"，感恩的心要对日常生活中培育。感恩爸母养育之恩；感恩家乡乡音乡情；感恩师长谆谆教导；感恩社会繁荣祥和。有了感恩的心，你就有了爱，有战胜一切艰难的精神支柱，有播种幸福的美好心田。

【思考讨论】

1. 闽南传统美德是如何传承的？

2. 我们为什么要心存感恩敬畏之情？

选择正确的词语填空，然后用闽南话念一念句子。

捻　　换　　截

1. 阿妈在_____菜箸，将黄色的箸仔献拣，准备要来炒青菜。

覆　　扶

2. 小弟仔歹习惯，_____仁在桌顶写字。

罜　　揭　　掼　　添

3. 厨房的代志甚物拢怀_____手，等别人备办便便则来食。

虱龟　　哈唏

4. 阿公看电视看甲_____，我行过去共伊盖一领被。

送别

表小弟：阿兄，你则来几日着要行咯，怀过加蹛
两日？

表　兄：我的暑假作业也真多，无我吗想要加迌
迌两日啊。

表小弟：阮遮通动车了后，你就会用捷捷来啊。

表　兄：虽然是会较紧，怀过抑是着等放暑假则
会当来看恁。

表小弟：妈妈讲即淡薄土产甲你顺风，野佫有我家己买来送你的礼物。物件虽
然少，怀过意义大。

表　　兄：互恁则尼破费，真飨晓通讲。

表小弟：后摆着较常来咧。

表　　兄：恁有闲也着去阮兜遏迌迌。

表小弟：会啦。阮会斗阵去找你。

句型——转折句

组成转折关系复句的两部分，表示两个事物或者一个事物的两个方面，意义是相反的。闽南话中常用"怀过""虽然……怀过抑是"等关联词语来表示转折。

例句
物件虽然少，怀过意义大。
虽然是会较紧，怀过抑是着等放暑假则会当来看恁。

说说做做

除了感恩敬畏，开拓开放也是闽南文化的核心精神之一。以此为题，试着用闽南话写一篇 400 字以内的感悟。

② 闽南的民间信仰

闽南所处的特殊历史环境、地理位置以及多次迁入中原移民的复杂居民情况，使中原移民带来的古文化精髓与古闽越族的习俗相融合，经过不断演变，形成了颇具特色的闽南民间信仰。民间信仰宣扬的积善积德、和睦共处以及感恩敬畏、追远报本的道德规范，推崇的学习先贤为民立德、立功、立言、造福乡梓、济民于难的优秀品格，都值得现代人学习和发扬。

来读 曲目习

海上保护神妈祖

在中国，妈祖是影响广泛且深远的海神之一。中国沿海各省市到东南亚真多国家甲地区，凡是有海运的所在大多会有妈祖庙。讨海人在起航前大都先拜祭妈祖，祈求保佑顺风甲安全。作为讨海人心中的"海上女神"，妈祖是安定幸福的心理寄托，伊慈眉善目、气定神闲的形象世代流传。

根据《闽书》记载，妈祖确有其人。伊姓林名默，福建莆田湄洲岛人，生在宋朝建隆元年，自细天资聪颖。民间有真多伊的传说。传讲，伊一方面精通医学，为百姓治病；一方面观测天气，事先共渔民甲客商讲是怀是会当出海。林默佫有真好的水性，定定在危险之中救助讨海的渔民。相传，在林默16岁迄一年，伊的老爸甲阿兄出海掠鱼，在家里甲阿母斗织布的林默，雄雄感觉非常爱睏，就睏在咧织机顶。在梦中，伊看着波涛滚滚的海涌将老爸阿兄驶的船拍翻，老爸阿兄落水。林默马上跳入海中，将老爸揪起来。即个时阵，在家里的母亲看着睏梦中的林默真不安，就将伊叫醒。醒起来了后的林默一下惊，手中的梭仔落在涂骹顶，伊悲痛万分，看着阿母讲："阿爸得救啦，怀过阿兄过身咯"。伊阿母开头怀相信，看着孤身返航的翁婿则放声大吼。不幸的是，林默 28 岁迄一年冒着风险去海上救人，去互海水激死。善良的林默虽然离开了人世，怀过以伊为原型的女神形象永远留在百姓的心中。

宋天圣年间，一个生理人在林默的祖家起庙供奉天后娘娘，即座名叫"顺济"的细宫庙仔，是最早专门供奉天后娘娘的庙。逐个将林默叫作"湄州神女""宁海镇神女"。从此以后，供奉天后娘娘的习惯就在福建沿海即屶的讨海人当中流传。

【思考讨论】

妈祖在人们心目中是以一个怎样的形象存在的呢？

趣味词语 ♪曲目52

找一找，下列词语中哪些是褒义的。

数 想	恶 势	飘 撇	摞 笑	无半撇	贫 惰
滗 弱	起 攃	健 拐	条 直	空歇神	瓮 毒

旅行安排

俊伟：听讲你过几日要出国去迌迌？

陈兰：是啊。阮规家斗阵去。

俊伟：飞机票买未？

陈兰：早着订好咯。提早订会较俗。

俊伟：是包互旅行社抑是自助游？

陈兰：是自助游。爱安怎迌迌随咱家己安排。

俊伟：飞机飞到遐是日时抑是下昏？

陈兰：飞十三小时，到遐是日时。有订好汽车来载阮去旅舍。旅舍边头就有真多景点会通参观，平时阮会当坐骹踏车去边仔遨遨咧。

俊伟：安排甲真好势。

陈兰：因为即站时去遐旅游的人真多，所以阮阿母提前拢做好计划。

俊伟：敢若是人真多，就着提前安排较好势。

陈兰：阮老爸是怀爱做计划。伊讲既然是要去迌迌，就着放松，结果我阿母将家己创甲真紧张。

句型——因果句

因果关系复句是表明原因和结果关系的句子，一个分句提出原因，一个分句推出结论。常用的关联词语有："因为……所以……""敢若是……就着……""既然……就……"。

例句

因为即站时去遐旅游的人真多，所以阮阿母提前拢做好计划。

敢若是人真多，就着提前安排较好势。

既然是要去迌迌，就着放松。

读下面一段材料，说一说妈祖信仰反映了闽南人的什么精神。

闽南人的开拓拼搏精神

闽南地区地处东南沿海，背山面海，福建八山一水一分田的地形，使得大部分地区土地贫瘠。自宋以来，闽南人口不断繁衍，加剧了地贫民稠的矛盾，从而造成了闽南人以海为田、靠海吃海的生计模式——或下海捕鱼，或从事海外贸易。这也培养了闽南人勇于开拓、敢于拼搏的进取精神。宋末元初，泉州港成为中国第一大港，到明代泉州港淤塞，漳州月港兴起，明末清初厦门港代替月港。无论哪个时期，闽南人向外开拓的进取精神都没有止息。

但是"走海行船无三分生命"，海上遭风暴、遇礁石，船毁人亡是很经常的事。闽南人一方面勇于开拓进取，具有不屈服于大自然、与大海搏斗的精神；另一方面闽南人也敬畏自然、敬重神灵，其中民间信仰中最盛行的就是对海上保护神——妈祖的信仰。久而久之，就形成了闽南人既敬畏自然又具有坚韧、勇毅的拼搏精神的特质。世世代代的闽南人，把这种精神传承下来，怀着"爱拼才会赢"的信念，把封闭的海变为开放的窗口，把闽南海洋文化中最值得弘扬的拼搏精神发挥得淋漓尽致。

③ 闽南文化远传播

从唐宋时期开始，特别是到了明清时代，居住闽南一带的百姓因为各种原因开始向外搬迁，不但向福建的闽中、闽东、闽北、闽西地区迁移，也向外省如广东的潮汕地区、雷州半岛，海南省以及赣东、浙南地区搬迁。明清时期，更有大量闽南移民渡海迁徙到台湾。

闽南移民甚至远涉重洋，到了马来西亚、新加坡、印尼、菲律宾、泰国、文莱、越南、缅甸等国家。这些移民，将闽南方言与文化传播到新的国度，使之成为超地域、超省界、超国界的重要文化，也吸收了当地新的文化因素，创造出新的闽南文化再传回闽南，使得闽南文化成为闽南本地居民和闽南籍移民共享的文化。

📖 来读 曲目54

漫谈侨批

侨批①，俗称"番批""银批"，专指海外华侨通过海里外民间机构汇寄到国里的汇款甲家书，是一种批、汇合一的特殊邮传载体。"批一张，银两籀"，旧时流传民间的歌谣唱出侨批的重要。侨批往往附带有汇款数额，兼具家书、汇款的功能。根据研究，侨批远在国际民信、邮政野未出现之前伊就产生，堪称是世界民信历史、邮政历史的先驱②。

侨批在闽南、潮汕、闽西几个所在时行，以厦门港为中心。最兴盛的时期，侨批馆开了百外家。所谓"侨批馆"，大概在清朝时就诞生，是依靠往来

---

①侨批[giao²pue¹]　②先驱[sian¹ku¹]

南洋的商客运作的一种服务海里外华人华侨的机构。闽南的"天一批局"全称叫作"郭有品天一汇总银批局",位在龙海角美流传村,由旅菲律宾的华侨郭有品在1880年创办,到1928年停业,一共开办了48年的时间,是中国历史顶规模最大、分布最广、经营时间最长的早期民间侨批局,在闽南侨批历史顶,甚至在中国邮政历史顶、中国金融历史顶拢有重要位置。

闽南侨批保留了真多闽南白话字,成为闽南话拼音甲文字研究的重要内容。闽南白话字其实是一种罗马拼音方案,是由一阵在闽南地区传播圣经的传教士提出,用罗马拼音记录闽南话读音的一种书写形式。汉字注闽南白话字,在鸦片战争前后到新中国成立之初,在福建闽南、台湾竽几个有讲闽南话的所在,也在东南亚、南洋即旪的闽南华侨中间时行。在"天一批局"旧址里,石刻招牌顶野佮有一排拉丁字母:

KAY YEW PIN TIEN IT.

这就是闽南白话字"郭有品,天一"。

1958年,博学的周恩来总理发表了《当前文字改革的任务》的讲话,伊对闽南白话字有一个真好的说明:"鸦片战争后,来到中国的外国商人、传教士,为了学习汉语甲传播宗教的需要,拟订了真多无稠的汉语拼音方案,佮用拉丁字母拟订了我国各地方言的拼音方案……""闽南的白话字影响最大,八出版过真多册,传讲至今厦门即旪佮有人会晓即个方案,真多侨眷佮会用即套拉丁字母甲海外的亲属通批。"由此可见,闽南白话字对新中国的文字改革汉语拼音方案的影响是真大的。

2013年,备受全球华人关注的侨批档案申遗成功,入选世界记忆名录。2014年,福建泉州设立闽南侨批展览馆,三千外张的侨批会当对外展览。遮侨批记录了闽南的人文历史,也见证了闽南华侨的家国情怀。

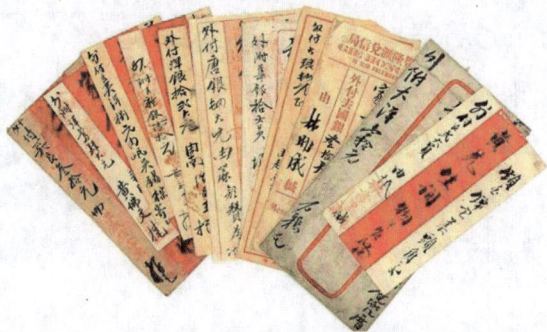

【思考讨论】

1. 为什么说侨批是世界民信历史、邮政历史的先驱？
2. 什么是闽南白话字？

趣味词语 曲目55

念一念下列词语，感受闽南话"词头词尾"的特色。

阿——阿爸，阿母，阿伯，阿叔，阿舅，阿姨，阿兄，阿姊，阿弟
囝（仔）——狗仔，鸡仔，树仔，桌仔，锯仔，舅仔，姨仔
鬼——缴鬼，薰鬼，宿鬼
声——点声，重声，即声，迄声，岁声
神——歕神，痟神，笑神，花神，猪哥神，臭臊神

对话语法 曲目56

拍电话

一鸣：喂，我是一鸣。你是阿姑吓？
阿姑：吓啊。你有甚物代志无？
一鸣：下晡落课我要去踢球，我怀倒去食略。
阿姑：好。你运动了后着随倒来，怀通俗四
　　　界去迢迌，则赊互阿妈听候你倒来。
一鸣：我着先去买2本册，了后则会倒去。
阿姑：好，就安尼。今仔日暗我着出门，你倒
　　　来了后怀免将门反锁。
一鸣：好，阿姑再见。

句型——承接句

承接句表示两个或两个以上的分句，一个接着一个地叙述连续发生的动作，或者接连发生的几件事情。在闽南话中常用"着先……了后……""先……佫……""先……随……"表示。

例句

你运动了后着随倒来，伓通佫四界去迌迌。

我着先去买 2 本册，了后则会倒去。

你倒来了后伓免将门反锁。

📖 **说说做做**

试着用闽南话写一封短信给你的朋友，谈谈你学习《闽南方言与文化》以来的感想体会。

单元互动拓展

闽南文化的形成和内容

闽南文化，是中原汉族自汉魏开始，历经南北朝、唐五代等历史时期，先后好几次，搬徙到闽地南部地区后，和原居住在本地区的山畬水疍等古闽越族的一些部落融合，逐渐形成了闽南民系，并创造了以汉族文化为主体兼吸收原住民文化因素的文化形式。闽南文化经历了孕育、形成、鼎盛、灾难、播迁、转型等阶段，有将近两千年的历史。闽南文化是汉民族文化的一个地域分支，是中华传统文化不可缺少的重要组成部分。

有人认为，闽南文化无非就是南音、歌仔戏、高甲戏等这些艺术形式，这是极大的误解。闽南文化丰富多彩，就历史和地域来说，既有山村的土楼文化，也有沿海侨乡、渔村的文化；既有乡间的农耕文化，也有城镇的工商文化；还有从近代和西方文化的交融中，理性地吸纳的外来文化的一些元素。

就本身文化的内涵看，闽南文化大概可以包括二十个方面：

1. 方言；
2. 口传文学（歌谣、民间传说故事等）；
3. 建筑；
4. 饮食；
5. 服饰；
6. 交通；
7. 生产技术文化；
8. 民间艺术（戏曲、音乐、舞蹈、曲艺、美术等）；
9. 民间工艺；

10. 民间游艺（童玩、成人游戏等）；

11. 民间医药；

12. 闽南商贸文化（郊商、侨批）；

13. 闽南宗族文化；

14. 闽南先贤及其学术思想；

15. 闽南大众传媒；

16. 闽南民间教育；

17. 闽南民间信仰；

18. 闽南名胜；

19. 闽南民俗；

20. 闽南人的思想性格特征。

实践分享

1. 在世界地图上找一找，说一说哪些地区分布有闽南移民。

2. 侨批文化在闽南颇具特色，历史上产生了大量的侨批档案，搜集相关资料，读几封闽南话侨批，谈谈你的感受。

诗 词 诵 读 曲目57

ia⁶ u³ gi⁵ bok⁷
夜 雨 寄 北

li³ siong¹ un³
李 商 隐

gun¹ bbun⁶ gui¹ gi² bbi⁶ iu³ gi²
君 问 归 期 未 有 期 ，

ba¹ san¹ ia⁶ u³ diong⁵ ciu¹ di²
巴 山 夜 雨 涨 秋 池 。

ho² dong¹ giong⁶ zian³ se¹ cong¹ ziok⁷
何 当 共 剪 西 窗 烛 ，

kiok⁷ hua⁶ ba¹ san¹ ia⁶ u³ si²
却 话 巴 山 夜 雨 时 。

hong² hok⁸ loo²

黄 鹤 楼

cui¹ ho⁶

崔 颢

sik⁷ lin² i³ sing² hong² hok⁸ ku⁵ ,

昔 人 已 乘 黄 鹤 去 ，

cu³ de⁶ kong¹ u² hong² hok⁸ loo(lio)² .

此 地 空 余 黄 鹤 楼 。

hong² hok⁸ it⁷ ku⁵ but⁷ hiu⁶ huan³ ,

黄 鹤 一 去 不 复 返 ，

bik⁸ un² cian¹ zai³ kong¹ iu² iu² .

白 云 千 载 空 悠 悠 。

zing² cuan¹ lik⁸ lik⁸ han⁵ iong² su⁶ ,

晴 川 历 历 汉 阳 树 ，

hong¹ co³ ce¹ ce¹ ing¹ bbu³ ziu¹ .

芳 草 萋 萋 鹦 鹉 洲 。

lit⁸ bboo⁶ hiong¹ guan¹ ho² cu⁵ si⁶ ,

日 暮 乡 关 何 处 是 ，

ian¹ bo¹ gang¹ siong⁶ su³ lin² coo(ciu)² .

烟 波 江 上 使 人 愁 。

lu² bbong⁶ ling⁶

如梦令

li³ cing¹ ziao⁵

李清照

siong² gi⁵ ke¹ lit⁸ bboo⁶ ,

常 记 溪 日 暮 ,

dim² zui⁵ but⁷ di¹ gui¹ loo⁶ .

沉 醉 不 知 归 路 。

hing⁵ zin⁶ bbuan³ hue¹ ziu¹ ,

兴 尽 晚 回 舟 ,

ngoo⁶ lip⁸ ngoo³ hua¹ sim¹ cu⁵ .

误 入 藕 花 深 处 。

zing¹ doo⁶ , zing¹ doo⁶ ,

争 渡 , 争 渡 ,

ging¹ ki³ it⁷ tan¹ oo¹ loo⁶ .

惊 起 一 滩 鸥 鹭 。

song⁵ iu³ lin²
送 友 人

li³ bik⁸
李 白

cing¹ san¹ hing² bok⁷ gok⁷ ,
青 山 横 北 郭 ,

bik⁸ sui³ liao³ dong¹ sing² .
白 水 绕 东 城 。

cu³ de⁶ it⁷ ui² biat⁸ ,
此 地 一 为 别 ,

goo¹ pong² bban⁶ li³ zing¹ .
孤 篷 万 里 征 。

hu² un² iu² zu³ i⁵ ,
浮 云 游 子 意 ,

lok⁸ lit⁸ goo⁵ lin² zing² .
落 日 故 人 情 。

hui¹ siu³ zu⁶ zu¹ ku⁵ ,
挥 手 自 兹 去 ,

siao¹ siao¹ ban¹ ma³ bbing² .
萧 萧 班 马 鸣 。

ggu² ong¹

渔 翁

liu³ zong¹ gguan²
柳 宗 元

ggu² ong¹ ia⁶ bong⁶ se¹ ggam² siok⁷ ,
渔 翁 夜 傍 西 岩 宿 ,

hiao³ kip⁷ cing¹ siong¹ lian² coo³ diok⁷ .
晓 汲 清 湘 燃 楚 竹 。

ian¹ siao¹ lit⁸ cut⁷ but⁷ gian⁵ lin² ,
烟 销 日 出 不 见 人 ,

ai¹ nai³ it⁷ sing¹ san¹ sui³ liok⁸ .
欸 乃 一 声 山 水 绿 。

hue² kan¹ tian¹ ze⁵ ha⁶ diong¹ liu² ,
回 看 天 际 下 中 流 ,

ggam² siong⁶ bbu² sim¹ un² siong¹ diok⁸ .
岩 上 无 心 云 相 逐 。

huan⁶ ke¹ sa¹

浣 溪 沙

soo¹ sik⁷
苏 轼

san¹ ha⁶ lan² ga² duan³ zim⁵ ke¹ ，
山 下 兰 芽 短 浸 溪 ，

siong² gan¹ sa¹ loo⁶ zing⁶ bbu² ne² ，
松 间 沙 路 净 无 泥 ，

siao¹ siao¹ bboo⁶ u³ zu³ gui¹ te² .
潇 潇 暮 雨 子 规 啼 。

sui² do⁶ lin² sing¹ bbu² zai⁵ siao⁵ ，
谁 道 人 生 无 再 少 ，

bbun² zian² liu² sui³ siong⁶ ling² se¹ ，
门 前 流 水 尚 能 西 ，

hiu¹ ziong¹ bik⁸ huat⁷ ciong⁵ hong² ge¹ .
休 将 白 发 唱 黄 鸡 。

石 壕 吏
sik⁸ ho² li⁶

杜 甫
doo⁶ hu³

暮 投 石 壕 村 ，
bboo⁶ doo² sik⁸ ho² cun¹

有 吏 夜 捉 人 。
iu³ li⁶ ia⁶ zok⁷ lin²

老 翁 逾 墙 走 ，
lo³ ong¹ u⁶ ciong² zoo³

老 妇 出 门 看 。
lo³ hu⁶ cut⁷ bbun² kan¹

吏 呼 一 何 怒 ！
li⁶ hoo¹ it⁷ ho² noo⁶

妇 啼 一 何 苦 ！
hu⁶ te² it⁷ ho² koo³

听 妇 前 致 词 ：
ting¹ hu⁶ zian² di⁵ su²

三 男 邺 城 戍 。
sam¹ lam² ggiap⁸ sing² su⁵

一 男 附 书 至 ，
it⁷ lam² hu⁶ su¹ zi⁵

二 男 新 战 死 。
li⁶ lam² sin¹ zian⁵ su³

存 者 且 偷 生 ，
zun² zia cia³ too¹ sing¹

死 者 长 已 矣 ！
su³ zia diong² i³ i⁵

室 中 更 无 人 ，
sit⁷ diong¹ ging⁵ bbu² lin²

惟 有 乳 下 孙 。
ui² iu³ lu³ ha⁶ sun¹

112

iu³ sun¹ bboo³ bbi⁶ ku⁵ ,
有 孙 母 未 去 ，

cut⁷ lip⁸ bbu² uan² gun² .
出 入 无 完 裙 。

lo³ u³ lik⁸ sui¹ sue¹ ,
老 妪 力 虽 衰 ，

cing³ ziong² li⁶ ia⁶ gui¹ .
请 从 吏 夜 归 。

gip⁷ ing⁵ ho² iong² ik⁸ ,
急 应 河 阳 役 ，

iu² dik⁷ bi⁶ sin² cui¹ .
犹 得 备 晨 炊 。

ia⁶ giu³ ggu³ sing¹ zuat⁸ ,
夜 久 语 声 绝 ，

lu² bbun² kip⁷ iu¹ iat⁷ .
如 闻 泣 幽 咽 。

tian¹ bbing² ding¹ zian² doo² ,
天 明 登 前 途 ，

dok⁸ u³ lo³ ong¹ biat⁸ .
独 与 老 翁 别 。

cai¹ tao² hong⁶ hong² soo¹ siu³

钗 头 凤·红 酥 手

liok⁸ iu²

陆 游

hong² soo¹ siu³ ,　hong² ding² ziu³ ,
红 酥 手 ，　黄 藤 酒 ，

bbuan³ sing² cun¹ sik⁷ giong¹ ciong² liu³ .
满 城 春 色 宫 墙 柳 。

dong¹ hong¹ ok⁷ ,
东 风 恶 ，

huan¹ zing² bok⁸ ,
欢 情 薄 ，

it⁷ huai² coo² su⁶ ,
一 怀 愁 绪 ，

gi³ lian² li⁶ sok⁷ .
几 年 离 索 。

cok⁷ !　cok⁷ !　cok⁷ !
错 ！　错 ！　错 ！

cun¹ lu² giu⁶ ,
春 如 旧 ，

lin² kong¹ soo⁵ ,
人 空 瘦 ，

lui⁶ hun² hong² ip⁷ gao¹ sao¹ too⁵ .
泪 痕 红 悒 鲛 绡 透 。

to² hua¹ lok⁸ ,
桃 花 落 ，

han² di² gok⁷ ,
闲 池 阁 ，

san¹ bbing² sui¹ zai⁶ ,
山 盟 虽 在 ，

gim³ su¹ lan² tok⁷ .
锦 书 难 托 。

bbok⁸ !　bbok⁸ !　bbok⁸ !
莫 ！　莫 ！　莫 ！

ciong¹ zin⁵ ziu³

将 进 酒

li³ bik⁸

李 白

gun¹ but⁷ gian⁵ , hong² ho² zi¹ sui³ tian¹ siong⁶ lai² ,

君 不 见 ， 黄 河 之 水 天 上 来 ，

bun¹ liu² do⁵ hai³ but⁷ hiu⁶ hue² .

奔 流 到 海 不 复 回 。

gun¹ but⁷ gian⁵ , go¹ dong² bbing² ging⁵ bi¹ bik⁸ huat⁷ ,

君 不 见 ， 高 堂 明 镜 悲 白 发 ，

diao¹ lu² cing¹ su¹ bboo⁶ sing² suat⁷ .

朝 如 青 丝 暮 成 雪 。

lin² sing¹ dik⁷ i⁵ su¹ zin⁶ huan¹ ,

人 生 得 意 须 尽 欢 ，

bbok⁸ su³ gim¹ zun¹ kong¹ dui⁵ gguat⁸ .

莫 使 金 樽 空 对 月 。

tian¹ sing¹ ngoo³ zai² bit⁷ iu³ iong⁶ ,

天 生 我 材 必 有 用 ，

cian¹ gim¹ san⁵ zin⁶ huan² hiu⁶ lai² .

千 金 散 尽 还 复 来 。

ping¹ iong² zai³ ggiu² cia³ ui² lok⁸ ,

烹 羊 宰 牛 且 为 乐 ，

hue⁶ su¹ it⁷ im³ sam¹ bik⁷ bue¹ .

会 须 一 饮 三 百 杯 。

cim² hu¹ zu³ , dan¹ kiu¹ sing¹ ,

岑 夫 子 ， 丹 丘 生 ，

ciong¹ zin⁵ ziu³ , gun¹ bbok⁸ ting² .

将 进 酒 ， 君 莫 停 。

u³ gun¹ go¹ it⁷ kiok⁷ ,

与 君 歌 一 曲 ，

cing¹ gun¹ ui⁶ ngoo³ cik⁷ ni³ ting¹ .

请 君 为 我 侧 耳 听 。

115

ziong¹ goo³ zuan⁶ ggiok⁸ but⁷ ziok⁷ gui⁵ ,

钟 鼓 馔 玉 不 足 贵 ,

dan⁶ gguan⁶ diong² zui⁵ but⁷ hiu⁶ sing³ .

但 愿 长 醉 不 复 醒 。

goo³ lai² sing⁵ hian² gai¹ zik⁸ bbok⁸ ,

古 来 圣 贤 皆 寂 寞 ,

ui² iu³ im³ zia liu² gi² bbing² .

惟 有 饮 者 留 其 名 。

din² ong² sik⁷ si² ian⁵ bing² lok⁸ ,

陈 王 昔 时 宴 平 乐 ,

doo³ ziu³ sip⁸ cian¹ zu⁵ huan¹ hiok⁷ .

斗 酒 十 千 恣 欢 谑 。

zu³ lin² ho² ui⁶ ggian² siao³ zian² ,

主 人 何 为 言 少 钱 ,

ging⁵ su¹ goo¹ cu³ dui⁵ gun¹ ziok⁷ .

径 须 沽 取 对 君 酌 。

ngoo³ hua¹ ma³ , cian¹ gim¹ giu² ,

五 花 马 , 千 金 裘 ,

hoo¹ li² ziong¹ cut⁷ huan⁶ bbi³ ziu³ ,

呼 儿 将 出 换 美 酒 ,

u³ ni³ dong² siao¹ bban⁶ goo³ coo(ciu)² .

与 尔 同 销 万 古 愁 。

mai⁶ tan⁵ ong¹

卖 炭 翁

bik⁸ gu¹ i⁶

白 居 易

mai⁶ tan⁵ ong¹ ,

卖 炭 翁 ,

huat⁸ sin¹ siao¹ tan⁵ lam² san¹ diong¹ .

伐 薪 烧 炭 南 山 中 。

bbuan³ bbian⁶ din² hue¹ ian¹ hooN³ sik⁷ ,

满 面 尘 灰 烟 火 色 ,

liang³ bin⁵ cong¹ cong¹ sip⁸ zi³ hik⁷ .

两 鬓 苍 苍 十 指 黑 。

mai⁶ tan⁵ dik⁷ zian² ho² suo³ ing² ,

卖 炭 得 钱 何 所 营 ,

sin¹ siong⁶ i¹ siong² koo³ diong¹ sik⁸ .

身 上 衣 裳 口 中 食 。

ko³ lian² sin¹ siong⁶ i¹ zing⁵ dan¹ ,

可 怜 身 上 衣 正 单 ,

sim¹ iu¹ tan⁵ zian⁶ gguan⁶ tian¹ han² .

心 忧 炭 贱 愿 天 寒 。

ia⁶ lai² sing² siong⁶ it⁷ cik⁷ suat⁷ ,

夜 来 城 上 一 尺 雪 ,

hiao³ ga⁵ tan⁵ cia¹ lian³ bing¹ diat⁸ .

晓 驾 炭 车 碾 冰 辙 。

ggiu² kun⁵ lin² gi¹ lit⁸ i³ go¹ ,

牛 困 人 饥 日 已 高 ,

si⁶ lam² bbun⁶ gguee⁶ ne² diong¹ hiat⁷ .

市 南 门 外 泥 中 歇 。

pian¹ pian¹ liang³ gi⁶ lai² si⁶ sui² ,

翩 翩 两 骑 来 是 谁 ,

hong² i¹ su³ zia³ bik⁸ sam¹ li² .

黄 衣 使 者 白 衫 儿 。

117

siu³ ba³ bbun² su¹ koo³ cing¹ tik⁷ ，
手 把 文 书 口 称 敕 ，

hue² cia¹ cit⁷ ggiu² kian¹ hiong⁵ bok⁷ ．
回 车 叱 牛 牵 向 北 。

it⁷ cia¹ tan⁵ ， cian¹ u² gun¹ ，
一 车 炭 ， 千 余 斤 ，

giong¹ su³ ku¹ ziong¹ sik⁷ but⁷ dik⁷ ．
宫 使 驱 将 惜 不 得 。

buan⁵ pit⁷ hong² sa¹ it⁷ diong⁶ ling² ，
半 匹 红 纱 一 丈 绫 ，

ge⁵ hiong⁵ ggiu² too² ciong¹ tan⁵ dik⁸ ．
系 向 牛 头 充 炭 直 。

bik⁸ suat⁷ go¹ song⁵ bbu³ puan⁵ guan¹ gui¹ ging¹

白 雪 歌 送 武 判 官 归 京

cim² sim¹

岑 参

bok⁷ hong¹ guan³ de⁶ bik⁸ co³ siat⁸ ,

北 风 卷 地 白 草 折 ，

hoo² tian¹ bat⁷ gguat⁸ zik⁷ hui¹ suat⁷ .

胡 天 八 月 即 飞 雪 。

hut⁷ lu² it⁷ ia⁶ cun¹ hong¹ lai² ,

忽 如 一 夜 春 风 来 ，

cian¹ su⁶ bban⁶ su⁶ le² hua¹ kai¹ .

千 树 万 树 梨 花 开 。

san⁵ lip⁸ zu¹ liam² sip⁷ lo² bboo⁶ ,

散 入 珠 帘 湿 罗 幕 ，

hoo² giu² but⁷ luan³ gim³ kim¹ bok⁸ .

狐 裘 不 暖 锦 衾 薄 。

ziong¹ gun¹ gak⁷ giong¹ but⁷ dik⁷ kong⁵ ,

将 军 角 弓 不 得 控 ，

doo¹ hoo⁶ tiat⁷ i¹ ling³ lan² diok⁸ .

都 护 铁 衣 冷 难 着 。

han⁶ hai³ lan² gan¹ bik⁷ diong⁶ bing¹ ,

瀚 海 阑 干 百 丈 冰 ，

coo² un² cam³ dam⁶ bban⁶ li³ gging² .

愁 云 惨 淡 万 里 凝 。

diong¹ gun¹ di⁵ ziu³ im³ gui¹ kik⁷ ,

中 军 置 酒 饮 归 客 ，

hoo² kim² bi² ba² u³ kiong¹ dik⁸ .

胡 琴 琵 琶 与 羌 笛 。

hun¹ hun¹ bboo⁶ suat⁷ ha⁶ uan² bbun² ,

纷 纷 暮 雪 下 辕 门 ，

hong¹ ciat⁷ hong² gi² dong⁵ but⁷ huan¹ .

风 掣 红 旗 冻 不 翻 。

lun² dai² dong¹ bbun² song⁵ gun¹ ku⁵ ,

轮 台 东 门 送 君 去 ,

ku⁵ si² suat⁷ bbuan³ tian¹ san¹ loo⁶ .

去 时 雪 满 天 山 路 。

san¹ hue² loo⁶ zuan³ but⁷ gian⁵ gun¹ ,

山 回 路 转 不 见 君 ,

suat⁷ siong⁶ kong¹ liu² ma³ hing² cu⁵ .

雪 上 空 留 马 行 处 。

cun¹ gang¹ hua¹ gguat⁸ ia⁶

春 江 花 月 夜

diuN¹ liok⁸ hu¹

张 若 虚

cun¹ gang¹ diao² sui³ lian² hai³ bing²，

春 江 潮 水 连 海 平，

hai³ siong⁶ bbing² gguat⁸ giong⁶ diao² sing¹．

海 上 明 月 共 潮 生。

iam⁶ iam⁶ sui² bo¹ cian¹ bban⁶ li³，

艳 艳 随 波 千 万 里，

ho² cu⁵ cun¹ gang¹ bbu² gguat⁸ bbing²！

何 处 春 江 无 月 明！

gang¹ liu² uan³ zuan³ liao⁶ hong¹ dian⁶，

江 流 宛 转 绕 芳 甸，

gguat⁸ ziao⁵ hua¹ lim² gai¹ su⁶ sian⁵；

月 照 花 林 皆 似 霰；

kong¹ li³ liu² song¹ but⁷ gak⁷ hui¹，

空 里 流 霜 不 觉 飞，

ting¹ siong⁶ bik⁸ sa¹ kan⁵ but⁷ gian⁵．

汀 上 白 沙 看 不 见。

gang¹ tian¹ it⁷ sik⁷ bbu² siam¹ din²，

江 天 一 色 无 纤 尘，

giao³ giao³ kong¹ diong¹ goo¹ gguat⁸ lun²．

皎 皎 空 中 孤 月 轮。

gang¹ puan⁶ ho² lin² coo¹ gian⁵ gguat⁸，

江 畔 何 人 初 见 月，

gang¹ gguat⁸ ho² lian² coo¹ ziao⁵ lin²？

江 月 何 年 初 照 人？

lin² sing¹ dai⁶ dai⁶ bbu² giong² i³，

人 生 代 代 无 穷 已，

gang¹ gguat⁸ lian² lian² bbong⁶ siong¹ su⁶；

江 月 年 年 望 相 似；

but⁷ di¹ gang¹ gguat⁸ dai⁶ ho² lin² ,
不 知 江 月 待 何 人 ，

dan⁶ gian⁵ diong² gang¹ song⁵ liu² sui³ .
但 见 长 江 送 流 水 。

bik⁸ un² it⁷ pian⁵ ku⁵ iu² iu² ,
白 云 一 片 去 悠 悠 ，

cing¹ hong¹ poo³ siong⁶ but⁷ sing¹ coo(cio)² .
青 枫 浦 上 不 胜 愁 。

sui² ga¹ gim¹ ia⁶ pian¹ ziu¹ zu³ ?
谁 家 今 夜 扁 舟 子 ？

ho² cu⁵ siong¹ su¹ bbing² gguat⁸ loo(lio)² ?
何 处 相 思 明 月 楼 ？

ko³ lian² loo² siong⁶ gguat⁸ bai² huai² ,
可 怜 楼 上 月 徘 徊 ，

ing⁵ ziao⁵ li² lin² zong¹ ging⁵ dai² .
应 照 离 人 妆 镜 台 。

ggiok⁸ hoo⁶ liam² diong¹ guan³ but⁷ ku⁵ ,
玉 户 帘 中 卷 不 去 ，

do³ i¹ diam¹ siong⁶ hut⁷ huan² lai² .
捣 衣 砧 上 拂 还 来 。

cu³ si² siong¹ bbong⁶ but⁷ siong¹ bbun² ,
此 时 相 望 不 相 闻 ，

gguan⁶ diok⁸ gguat⁸ hua² liu² ziao⁵ gun¹ .
愿 逐 月 华 流 照 君 。

hong² ggan⁶ diong² hui¹ gong¹ but⁷ doo⁶ ,
鸿 雁 长 飞 光 不 度 ，

ggu² liong² ziam² iok⁸ sui³ sing² bbun² .
鱼 龙 潜 跃 水 成 文 。

zok⁸ ia⁶ han² tam² bbong⁶ lok⁸ hua¹ ,
昨 夜 闲 潭 梦 落 花 ，

ko³ lian² cun¹ buan⁵ but⁷ huan² ga¹ .
可 怜 春 半 不 还 家 。

gang¹ sui³ liu² cun¹ ku⁵ iok⁸ zin⁶ ,

江 水 流 春 去 欲 尽 ，

gang¹ tam² lok⁸ gguat⁸ hiu⁶ se¹ sia² .

江 潭 落 月 复 西 斜 。

sia² gguat⁸ dim² dim² zong² hai³ bbu⁶ ,

斜 月 沉 沉 藏 海 雾 ，

giat⁸ sik⁸ siao¹ siong¹ bbu² han⁶ loo⁶ .

碣 石 潇 湘 无 限 路 。

but⁷ di¹ sing² gguat⁸ gi³ lin² gui¹ ,

不 知 乘 月 几 人 归 ，

lok⁸ gguat⁸ iao² zing² bbuan³ gang¹ su⁶ .

落 月 摇 情 满 江 树 。

《昔时贤文》选读

sik⁷ si² hian² bbun² , hue⁵ lu³ zun¹ zun¹ .
昔 时 贤 文 , 诲 汝 谆 谆 。

zip⁸ un⁶ zing¹ gong³ , do¹ gian⁵ do¹ bbun² .
集 韵 增 广 , 多 见 多 闻 。

di¹ gi³ di¹ bi³ , ziong¹ sim¹ bi³ sim¹ .
知 己 知 彼 , 将 心 比 心 。

siong¹ sik⁷ bbuan³ tian¹ ha⁶ , di¹ sim¹ ling² gi³ lin² .
相 识 满 天 下 , 知 心 能 几 人 。

gun⁶ sui³ di¹ ggu² sing⁵ , gun⁶ san¹ sik⁷ niao³ im¹ .
近 水 知 鱼 性 , 近 山 识 鸟 音 。

tok⁸ su¹ su¹ iong⁶ i⁵ , it⁷ zu⁶ dik⁸ cian¹ gim¹ .
读 书 须 用 意 , 一 字 值 千 金 。

iu³ i⁵ zai¹ hua¹ hua¹ but⁷ kai¹ , bbu² sim¹ cap⁷ liu³ liu³ sing² im¹ .
有 意 栽 花 花 不 开 , 无 心 插 柳 柳 成 荫 。

hua⁶ hoo³ hua⁶ pi² lan² hua⁶ gut⁷ , di¹ lin² di¹ bbian⁶ but⁷ di¹ sim¹ .
画 虎 画 皮 难 画 骨 , 知 人 知 面 不 知 心 。

loo⁶ iao² di¹ ma³ lik⁸ , su⁶ giu³ gian⁵ lin² sim¹ .
路 遥 知 马 力 , 事 久 见 人 心 。

liao² lin² but⁷ si⁶ ci¹ han⁵ , ci¹ han⁵ but⁷ hue⁶ liao² lin² .
饶 人 不 是 痴 汉 , 痴 汉 不 会 饶 人 。

si⁶ cin¹ but⁷ si⁶ cin¹ , hui¹ cin¹ kiok⁷ si⁶ cin¹ .
是 亲 不 是 亲 , 非 亲 却 是 亲 。

zai⁶ ga¹ but⁷ hue⁶ gging² bin¹ kik⁷ , cut⁷ bbun² hong¹ di¹ siao³ iu³ lin² .
在 家 不 会 迎 宾 客 , 出 门 方 知 少 有 人 。

sui² lin² bue⁶ hoo⁶ bbu² lin² suat⁷ , na³ go⁵ lin² zian² but⁷ suat⁷ lin² .
谁 人 背 后 无 人 说 , 哪 个 人 前 不 说 人 。

diong² gang¹ hoo⁶ long⁶ tui¹ zian² long⁶ ,　se⁵ siong⁶ sin¹ lin² huan⁶ giu⁶ lin² .
长 江 后 浪 推 前 浪 ，　世 上 新 人 换 旧 人 。

gun⁶ sui³ loo² dai² sian¹ dik⁷ gguat⁸ ,　hiong⁵ iong² hua¹ bbok⁸ zo³ hong² cun¹ .
近 水 楼 台 先 得 月 ，　向 阳 花 木 早 逢 春 。

uan³ sui³ lan² giu⁵ gun⁶ hooN³ ,　uan³ cin¹ but⁷ lu² gun⁶ lin² .
远 水 难 救 近 火 ，　远 亲 不 如 近 邻 。

giu⁵ lin² it⁷ bbing⁶ ,　sing⁵ zo⁶ cit⁷ gip⁷ hu² doo² .
救 人 一 命 ，　胜 造 七 级 浮 屠 。

si⁶ hui¹ ziong¹ lit⁸ iu³ ,　but⁷ ting¹ zu⁶ lian² bbu² .
是 非 终 日 有 ，　不 听 自 然 无 。

di¹ ziok⁷ siong² ziok⁷ ,　ziong¹ sin¹ but⁷ liok⁸ ,
知 足 常 足 ，　终 身 不 辱 ，

di¹ zi³ siong² zi³ ,　ziong¹ sin¹ but⁷ ti³ .
知 止 常 止 ，　终 身 不 耻 。

lin² bbu² uan³ lu⁶ ,　bit⁷ iu³ gun⁶ iu¹ .
人 无 远 虑 ，　必 有 近 忧 。

sian⁶ su⁶ ko³ zok⁷ ,　ok⁷ su⁶ bbok⁸ ui² .
善 事 可 作 ，　恶 事 莫 为 。

siao⁵ lian² but⁷ noo³ lik⁸ ,　lo³ dai⁶ doo² siong¹ bi¹ .
少 年 不 努 力 ，　老 大 徒 伤 悲 。

闽南话语音特点与注音符号

一、闽南话语音特点

（一）庞大的音系

1. 声母 17 至 18 个；2. 常用韵母 78 个；3. 声调 7 至 8 个。

声韵母结合，可交际的音节有 2200 个以上。

（二）纷繁复杂的文白读音系统

3500 个常用汉字有 40 ％左右的字，有文白异读，即文读音（读书音）和白读音（讲话音）的现象：

多数是一个字有一个文读音和白读音对应，如"天"（文）$tian^1$天文，（白）tiN^1天顶。

也有一个字有一个文读音，但却有两个、三个甚至三个以上的白读音的。如：

"生"（文）$[sing^1]$生产；（白）$[siN^1]$生团、$[ciN^1]$生肉。

"成"（文）$[sing^2]$成功；（白）$[ziaN^2]$成人、$[ciaN^2]$成好势、$[siaN^2]$八成新。

"落"（文）$[lok^8]$落后；（白）$[loh^8]$落雨、$[lak^7]$落落涂骹、$[laoh^8]$交落（丢掉，丢下）、$[lao^5]$落气（丢人现眼，出丑）。

文白读音在双音节词或多音节词里的搭配，多有规定或尊重社会约定俗成的读法，是不能随便搭配的，否则就乱了套，不是叫人听不懂，就是会产生歧义。例如"空气"，"空"有（文）$[kong^1]$（白）$[kang^1]$的文白对应。"气"也有（文）$[ki^5]$（白）$[kui^5]$的文白对应。这个双音节词就有四种文白搭配的读法：

（1）空气$[kong^1\ ki^5]$；（2）空气$[kong^1\ kui^5]$；(3)空气$[kang^1\ ki^5]$；(4)空气$[kang^1kui^5]$。

（1）指大气的气体，如说"新鲜空气"；（2）（3）虽然能读出来，但无意义，人们听不懂；（4）在闽南话里指不好的事儿，如说"你咧变甚物空气"。

（三）连读变调的现象突出，但有规律。如：

	阴平	阳平	上声	阴去	阳去	阴入	阳入
1 阴平 1-6	天边 $tiN^{1-6}biN^1$	天时 $tiN^{1-6}si^2$	天顶 $tiN^{1-6}ding^3$	天气 $tiN^{1-6}ki^5$	天路 $tiN^{1-6}loo^6$	天国 $tiN^{1-6}gok^7$	天极 $tiN^{1-6}gik^8$
2 阳平 2-6	茶瓯 $de^{2-6}ao^1$	茶盘 $de^{2-6}buaN^2$	茶碗 $de^{2-6}uaN^3$	茶配 $de^{2-6}pe^5$	茶味 $de^{2-6}bbi^6$	茶桌 $de^{2-6}doh^7$	茶药 $de^{2-6}ioh^8$
3 上声 3-1	火山 $he^{3-1}suaN^1$	火炉 $he^{3-1}loo^2$	火尾 $he^{3-1}be^3$	火气 $he^{3-1}ki^5$	火箸 $he^{3-1}di^6$	火烛 $he^{3-1}zik^7$	火石 $he^{3-1}zioh^8$
5 阴去 5-3	四仙 $si^{5-3}sian^1$	四年 $si^{5-3}ni^2$	四尾 $si^{5-3}be^3$	四岁 $si^{5-3}he^3$	四面 $si^{5-3}bbin^6$	四角 $si^{5-3}gak^7$	四伏 $si^{5-3}hok^8$
6 阳去 6-5	市花 $ci^{6-5}hue^1$	市场 $ci^{6-5}diuN^2$	市委 $ci^{6-5}ui^3$	市政 $ci^{6-5}zing^5$	市面 $ci^{6-5}bbin^6$	市角 $ci^{6-5}gak^7$	市属 $ci^{6-5}siok^8$
7 阴入（1） 7-3	铁沙 $tih^{7-3}sua^1$	铁鞋 $tih^{7-3}ue^2$	铁齿 $tih^{7-3}ki^3$	铁线 $tih^{7-3}suaN^5$	铁路 $tih^{7-3}loo^6$	铁笔 $tih^{7-3}bit^7$	铁石 $tih^{7-3}ziah^8$
7 阴入（2） 7-8	国家 $gok^{7-8}ga^1$	国民 $gok^{7-8}bbin^2$	国耻 $gok^{7-8}ti^3$	国界 $gok^{7-8}gai^5$	国道 $gok^{7-8}do^6$	国格 $gok^{7-8}geh^7$	国立 $gok^{7-8}lip^8$
8 阳入 8-5	石灰 $zioh^{8-5}he^1$	石头 $zioh^{8-5}tao^2$	石椅 $zioh^{8-5}i^3$	石厝 $zioh^{8-5}cu^5$	石路 $zioh^{8-5}loo^6$	石桌 $zioh^{8-5}doh^7$	石蜡 $zioh^{8-5}lah^8$

二字组变调规律如下：

1. 前字变调，后字不变调。

2. 无论后字是什么声调，前字变调后的调值都是一样的。

3. 阴入、阳入两个声调带-h韵尾的，变调后的调值变为非入声，同时，也会丢失-h韵尾，变为非入声韵母。

二、闽南话的注音符号

闽南话的注音符号，传统的有国际音标和厦门话教会罗马字方案。我们编写的《闽南方言与文化》这套读本是以汉语拼音方案为基础设计的闽南话注音方案。

下面以厦门语音为代表，分声母表、韵母表和声调表说明。

（一）声母表

例字	玻	坡	毛	模	刀	桃	怒	啰	遭	臊	梭	高	科	误	俄	河	蚝
闽南话注音	b	p	m	bb	d	t	n	l	z	c	zz	g	k	ng	gg	h	零声母
汉语拼音	b	p	m	—	d	t	n	l	z	c	—	g	k	—	—	h	零声母
教会罗马字	p	ph	m	b	t	th	n	l	ch	chh	j	k	kh	ng	g	h	零声母
国际音标	p	ph	m	b	t	th	n	l	ts	tsh	dz	k	kh	ŋ	g	h	零声母

（二）韵母表

阴声韵

例字	阿	锅	蜗	乌	伊	有	哀	欧	夜	摇	优	枵	蛙	矮	威	歪
闽南话注音	a	e	o	oo	i	u	ai	ao	ia	io	iu	iao	ua	ue	ui	uai
汉语拼音	a	e	o	—	i	u	ai	ao	ia	—	i(o)u	iao	ua	—	u(e)i	uai
教会罗马字	a	e	o	o•	i	u	ai	au	ia	io	iu	iau	oa	oe	ui	oai
国际音标	a	e	o	ɔ	i	u	ai	au	ia	io	iu	iau	ua	ue	ui	uai

说明：e普通话有两个读音：哥[ge]，街[jie]。闽南话只有一个读音：锅[e]

阳声韵

例字	怀	音	庵	阉	因	恩	安	烟	弯	黄	英	瓮	鞅	翁	勇
闽南话注音	m	im	am	iam	in	un	an	ian	uan	ng	ing	ang	iang	ong	iong
汉语拼音	—	—	—	—	in	un	an	ian	uan	—	ing	ang	iang	ong	iong
教会罗马字	m	im	am	iam	in	un	an	ian	oan	ng	ing	ang	iang	ong	iong
国际音标	m	im	am	iam	in	un	an	ian	uan	ŋ	iŋ	aŋ	iaŋ	ɔŋ	iɔŋ

鼻化韵

例字	馅	婴	唔	圆	奈*	藕*	赢	羊	猫*	碗	梅*	关*
闽南话注音	aN	eN	ooN	iN	aiN	aoN	iaN	iuN	iaoN	uaN	uiN	uaiN
汉语拼音	—	—	—	—	—	—	—	—	—	—	—	—
教会罗马字	a^n	e^n	o^n	i^n	ai^n	au^n	ia^n	iu^n	iau^n	oa^n	ui^n	oai^n
国际音标	ã	ẽ	ɔ̃	ĩ	ãi	ãu	iã	iũ	iãu	uã	uĩ	uãi

说明：有"*"号的是带声母的字。下同。

129

入声韵

(一)

例字	邑	压	叶	乙	郁	遏	阅	越	益	沃	噼*	恶	约
闽南话注音	ip	ap	iap	it	ut	at	iat	uat	ik	ak	iak	ok	iok
汉语拼音	—	—	—	—	—	—	—	—	—	—	—	—	—
教会罗马字	ip	ap	iap	it	ut	at	iat	uat	ik	ak	iak	ok	iok
国际音标	ip	ap	iap	it	ut	at	iat	uat	ik	ak	iak	ɔk	iɔk

(二)

例字	鸭	呃	学	呕*	鳖*	托*	挖	活	狭	划	掬*	药	裹*	寂*	踹*
闽南话注音	ah	eh	oh	ooh	ih	uh	iah	uah	ueh	uih	iuh	ioh	aoh	iaoh	uaih
汉语拼音	—	—	—	—	—	—	—	—	—	—	—	—	—	—	—
教会罗马字	ah	eh	oh	oh	ih	uh	iah	oah	oeh	uih	iuh	ioh	auh	iauh	oaih
国际音标	ah	eh	oh	ɔh	ih	uh	iah	uah	ueh	uih	iuh	ioh	auh	iauh	uaih

(三)

例字	凹*	荚*	膜*	偶*	默*	哼*	捏*	吓*	蛲*	挟*	月
闽南话注音	aNh	eNh	ooNh	aoNh	mh	ngh	iNh	iaNh	iaoNh	ueNh	uaiNh
汉语拼音	—	—	—	—	—	—	—	—	—	—	—
教会罗马字	a^nh	e^nh	o^nh	au^nh	mh	ngh	i^nh	ia^nh	iau^nh	ue^nh	oai^nh
国际音标	ãh	ẽh	ɔ̃h	ãuh	mh	ŋh	ĩh	iãh	iãuh	uẽh	uãih

（三）声调表

名称	调值		例字
	数字表示	描写	
阴平	1	高平调	猪 di^1 刀 do^1 赊 sia^1 东 $dong^1$
阳平	2	中升调	池 di^2 逃 do^2 邪 sia^2 同 $dong^2$
上声	3	高降调	抵 di^3 岛 do^3 写 sia^3 懂 $dong^3$
阴去	5	低降调	致 di^5 到 do^5 泻 sia^5 栋 $dong^5$
阳去	6	低平调	治 di^6 道 do^6 谢 sia^6 动 $dong^6$
阴入	7	中降短促调	滴 dih^7 桌 doh^7 锡 $siah^7$ 督 dok^7
阳入	8	高平短促调	笛 dih^8 着 doh^8 勺 $siah^8$ 独 dok^8

声调	阴平	阳平	阴上	阳上	阴去	阳去	阴入	阳入
例字	刀	桃	倒		到	道	桌	着
闽南话注音	1	2	3	4	5	6	7	8
汉语拼音	-	´	上声 ˇ		去声 、		无	无
教会罗马字	不标	^	´		、	-	不标	ˈ
国际音标	˪□	ˏ□	ˈ□	ˎ□	□˥	□²	□ˌ	□₂